JN301998

保育系学生のための
日本語表現トレーニング

渡辺弥生／平山祐一郎／藤枝静暁［編著］

テキスト

三省堂

装幀
(有)オーボン　五味崇宏

はじめに

● **本書の目的と構成**

　本書は、社会生活に必要な日本語表現を分かりやすく学ぶだけではなく、実際に人と関わる際に、具体的にどのようにその知識を行動に活用すれば良いのかをサポートする内容になっています。

　具体的には、2つの内容から構成されています。

　1つ目は、「スタディスキル編」です。ここでは、正しく、適切な日本語について考え、練習し、使いこなせるようにすることを目指しています。ここで得た日本語力は、大学や専門学校でのあらゆる学びの基礎となります。また、将来、保育者となった時に必要とされる、正確に情報や意見を交換する力の基盤となります。

　2つ目は、「ソーシャルスキル編」です。ここでは、良好な人間関係を築くためのコミュニケーションの力を身に付けます。自分の感情をコントロールすること、自分のコミュニケーションが相手からどのように映るのかを考えること、相手に配慮した言い方ができるようになることは、人間関係を築く上で重要です。特に、子どもや保護者という異なる年齢の他者と関わる保育者にとって、必要不可欠な力と言えます。

　これら2つの内容は一見全く違う内容に思われるかもしれません。しかし、目指すところは1つです。正しく、適切な日本語が求められる理由は、相手が混乱することなく、かつ気持ち良く情報を受け取れるようにするためです。つまり、「スタディスキル編」で取り上げる内容が、「ソーシャルスキル編」で扱う力の基礎となるのです。この2つの内容を学ぶことで、本書の最終的な目標である「良好な人間関係を築くコミュニケーションの力」が身に付いていきます。その力を活かして、みなさんの学生としての学びや保育の場での実践が、さらに生き生きと充実したものになることを願っています。

● **本書の主な対象**
- 保育系の大学や専門学校で学ぶ1年生
- 保育系の大学や専門学校でレポートや卒業論文を書く3・4年生
- 保育系の大学や専門学校を卒業し、保育現場で働き始めた新人保育者

● **本書の特長**
- 「スタディスキル編」と「ソーシャルスキル編」の両方を学ぶことによって、良好な人間関係を築くコミュニケーションの力を身に付けられる、新しい

視点に基づいた教科書です。
・保育系の大学や専門学校、あるいは保育の現場でよく見られる場面や文例をもとに学ぶことで、実践的な力が身に付きます。
・「テキストによる導入」と「トレーニングシートを用いた作業」の両方を行う、能動的な学習スタイルを実現しました。活字ばかりを目で追う受動的な学習とは異なり、飽きることなく取り組めます。

● **本書の使い方**
1 本書は、「スタディスキル編」と「ソーシャルスキル編」のどちらから取り上げることもできますし、1章ずつ交互にやっても結構です。また、それぞれの編の中のどの章からでも学ぶことができます。
2 このテキストと、別冊のトレーニングシートの2冊を使って学習を進めます。
3 テキストをよく読み、理解してから、トレーニングシートの課題に取り組んでください。
4 「ソーシャルスキル編」の学び方は、p.40の「ソーシャルスキルの学び方」で詳しく説明してあります。それに従って進めてください。
5 本書は、大学や専門学校の授業用テキストとしても、自学自習用としても使うことができます。

〈本書を教科書として利用する先生方へ〉
　本書は、半期・通年の別を問わず、大学や専門学校の授業の教科書として使いやすいように作られています。本書を教科書として採用してくださる先生には解説集を提供する予定です。詳しくは、三省堂HP（http://www.sanseido.co.jp/）をご覧ください。

　※特に断り書きのない限り、本書で示されている固有名詞やデータは架空のものです。

Contents

保育系学生のための日本語表現トレーニング

- 1 　はじめに
- 3 　目次

＜スタディスキル編＞

- 4 　**第1章**　正しい日本語―正確に伝えよう
- 8 　**第2章**　敬語―相手を尊重する気持ちを表そう
- 12 　**第3章**　要約する―要点をつかもう、活かそう
- 16 　**第4章**　クリティカルに読む―厳しく読もう、柔軟に生きよう
- 20 　**第5章**　説明する―伝えたいことを、伝わるかたちで
- 24 　**第6章**　連絡する―状況を捉え、適切に連絡しよう
- 30 　**第7章**　子どもとの対話を支える表現
　　　　　　―温かく、豊かな表現で対話し、子どもを育もう
- 35 　**第8章**　保育の営みを表現する
　　　　　　―クラスだよりで、保育の核心を伝える

＜ソーシャルスキル編＞

- 40 　ソーシャルスキルの学び方
- 42 　**第1章**　あいさつをする―あいさつは相手に好印象を与えるチャンス
- 46 　**第2章**　話すスキルと聴くスキル―互いにつながるために
- 51 　**第3章**　援助を要請する―上手な頼み方スキル
- 55 　**第4章**　上手に断る―相手を傷つけないように
- 59 　**第5章**　感謝の気持ちを伝えよう―ありがとうは魔法の言葉
- 64 　**第6章**　上手に自分の言いたいことを伝える
　　　　　　―自分も相手も大事にする

- 68 　参考文献
- 70 　編著者・執筆者紹介

Study Skill 1

正しい日本語

正確に伝えよう

　学生生活の中でレポートを書く時、あるいは発表や報告などの改まった場面で話す時には、正しい日本語を用いて正確に情報を伝える必要があります。また将来みなさんが保育者となった時、正しい日本語を使うことは保護者からの信頼につながります。この章では、書き言葉を中心に、改まった場面での話し言葉も含めて、正しい日本語について考えましょう。

1　間違えやすい仮名遣い

> 　次の仮名遣いのうち正しい方はどちらか、考えてみましょう。
> ①　はな［じ／ぢ］
> ②　て［ず／づ］くり
> ③　こんにち［わ／は］
> ④　こ［う／お］り

　仮名遣いで間違えやすいのは、同じ発音なのに異なる仮名を使う言葉です。
①②……原則的に［ji］［zu］の音は「じ」「ず」と書きますが、次の２つの場合「ぢ」「づ」を使います。1つは①の「はなぢ＝鼻＋血」、②の「てづくり＝手＋作り」のように２語が組み合わさってできた言葉です。もう１つは「ちぢむ」「つづく」のように、「ち」「つ」の音が続いた場合です。
③……［wa］の音は、「私は山田です」のように助詞の場合「は」の仮名を使います。「こんにちは」も「こんにちは（良いお天気ですね）」の（　）部分を省略したものなので、「は」は助詞であり「は」と書きます。
④……［oo］の音は、原則的には「おとうさん」のように「う」を使いますが、「こおり（氷）」「とおる（通る）」「おおきい（大きい）」のように例外的に「お」を使う場合があります。

2　間違えやすい漢字の読み方

次の漢字の読み仮名を考えてみましょう。
① 凡例（　　　）に従う　　　② 雰囲気（　　　）が似ている
③ 罪を嫌悪（　　　）する　　④ 借りを相殺（　　　）する
⑤ 画期的（　　　）な提案　　⑥ 悪寒（　　　）がする
⑦ ひどい態度に呆（　　　）れた　⑧ 害を被（　　　）る

　漢字の中には読み方が難しいものがあります。①はんれい（×ぼんれい）、②ふんいき（×ふいんき）、③けんお（×けんあく）、④そうさい（×そうさつ）、⑤かっきてき（×がきてき）などは、（ ）内のような読みの誤りが見られます。また、⑥おかん、⑦あき（れた）、⑧こうむ（る）なども、読みにくい漢字です。

3　間違えやすい漢字の書き方

下線部の漢字の正しい漢字を考えてみましょう。
① 価値感の違いは大きい。
② 気に入った絵本を借した。
③ 申し出を心良く聞き入れてくれた。
④ 対応の謝ちを認めた。
⑤ 雨天でもお弁当は自参してください。

　学生さんのレポートに、**3**のような漢字の書き間違いが見られることがあります。正しくは①価値観、②貸した、③快く、④過ち、⑤持参です。

4　間違えやすい同音・同訓異義語

次の漢字のうち正しい方はどちらか、考えてみましょう。
① 時間を［開／空］けて保護者を待った。
② 大人が付き［沿／添］って出発した。

③　雨天のため運動会を来週に［伸／延］ばしましょう。
④　顔に感情が［表／現］れやすい。
⑤　プールの水を［変／替］えた。
⑥　例を［上／挙］げて説明した。
⑦　［意外／以外］な提案に驚いた。

　漢字の中でも同音・同訓異義語は間違えやすいので、注意が必要です。**4**の正解は、①空、②添、③延、④表、⑤替、⑥挙、⑦意外です。

5　間違えやすい文法

　次の文の誤りを正しく直してください。
①　将来の夢は子どもの気持ちに寄り添える保育者になりたい。
②　たとえ失敗するときもチャレンジすることが大事だ。

　①は、主語が「夢は」なのに述語が「保育者になりたい」となっていて、対応していません。このように主語と述語の対応がおかしい文を、「ねじれ文」と言います。「夢は〜保育者になることです」であれば主語・述語が対応するので、「将来の夢は子どもの気持ちに寄り添える保育者になることです」か、あるいは「将来は子どもの気持ちに寄り添える保育者になることが夢です」とします。また、副詞の中には「決して嘘をつかない」「もし雨なら」のように、対応する語が決まっているものがあります。②の「たとえ」も「たとえ〜ても／とも」と決まっているので、「たとえ失敗したとしてもチャレンジすることが大事だ」とします。文法が誤っていると、読み手や聞き手が混乱し、意味を理解しにくくなります。誤りは文を長く続けると起こりやすくなるので、注意しましょう。

6　くだけた言葉

　次の文からくだけた言い方を探し、改まった言葉を考えてみましょう。
①　地震が起きてもすぐに逃げれるように避難訓練をしました。

②　シャツは赤ではなく白いやつを持ってきてください。
③　明日は遠足です。なのでお弁当を持たせてください。

①……本来の「逃げられる」から「ら」を抜いて「逃げれる」とした言葉は、「ラ抜き言葉」と呼ばれています。最近では若い世代を中心に広く使われていることから、「見れる」「来れる」「着れる」などは許容されるようになっています。しかし、「逃げれる」「考えれる」のような言葉に対しては違和感を持つ人もいます。
②……「やつ」は物事をぞんざいに指していう言葉で乱暴に聞こえます。「白いもの」とした方が良いでしょう。
③……二つの文をつなぐ接続詞として「なので」を用いる言い方を聞きますが、「なので」は接続詞ではないので誤りです。接続詞の「ですから」を使い、「明日は遠足です。ですからお弁当を〜」とするか、「明日は遠足なのでお弁当を〜」とします。

　くだけた言葉の中には誤りとは言えないものもありますが、文章を書く時はもちろん、改まった場面や目上の人と話をする時には、避けた方が良いでしょう。

ポイント

- □　「じ／ぢ」「ず／づ」などの仮名遣いに気をつける。
- □　漢字の中には間違えやすい読み方や書き方の漢字があるので、正確に覚える。
- □　文法については、ねじれ文などがないように注意する。
- □　くだけた言葉は誤りとまでは言えないが、書き言葉や改まった場面での話し言葉では避けるようにする。

Study Skill 2

敬語

相手を尊重する気持ちを表そう

「あなたを尊重しています」という気持ちを言葉で表す方法が敬語です。その気持ちを持っていても、敬語を使うべき相手に使わなかったり、使い方を間違えたりすると、気持ちが伝わらず失礼な印象を与えてしまうことがあります。この章で敬語の基本を理解し、身に付けましょう。

1　敬語の種類と丁寧語

> 次の文は、保育者が園児のお母さんに言っている言葉です。同じことをあなたが友達に言うとしたら、下線部をどのように言いますか。
> ①　明日は遠足です。
> ②　今日は何時頃園にいらっしゃるのですか。
> ③　少し伺いたいことがあるのですが。

　相手が友達の場合、①は「（遠足）だ」、②は「来る」、③は「聞きたい」と言う人が多いと思います。それらの代わりに下線部の言葉を使うのは、お母さんに敬意を示すためです。このように、相手や話題に上った人に敬意や丁寧さを表す表現が敬語です。そして敬語には、①「です」のような丁寧語、②「いらっしゃる」のような尊敬語、③「伺う」のような謙譲語があります。
　このうち丁寧語とは、話し方を丁寧にすることで相手に敬意を表す言い方です。①の「です」や「（行き）ます」のように、文末に「です／ます」を付けます。このほかに美化語と言って、相手への敬意というより自分の言葉を上品できれいなものにするために、名詞の前に「お／ご」を付ける言い方があります。「お花（がきれい）」「（趣味は）お料理」「ご祝儀（をいただいた）」などです。ただし、原則として外来語（カタカナ言葉）には「お／ご」を付けることができません（×「おテレビ」「×おビール」など。「おトイレ」「おズボン」は許容されています）。

2 尊敬語

> 次の下線部を尊敬語に変えてください。
> ① こちらに<u>名前</u>と<u>連絡先</u>をお願いします。
> ② お父様はどう<u>言って</u>いますか。
> ③ お昼はもう<u>食べ</u>ましたか。
> ④ 先生はもう<u>帰り</u>ました。

1 ②の「いらっしゃる」のように、相手を高めて言う表現です。相手だけでなく、「（同僚の保育者に）園長はもうすぐ園に<u>いらっしゃいます</u>」のように、そこにいなくても話題に上った人（園長）を高めるために使われることもあります。

2 の正解は、①「お名前」「ご連絡先」、②「おっしゃって（おっしゃる）」、③「召し上がり（召し上がる）」、④「お帰りになり（お帰りになる）／帰られ（帰られる）」です。

動詞の尊敬語には、「いらっしゃる」や **2** ②③のように元の形を変えて作るものと、④の「お帰りになる／帰られる」のように規則で作るものがあります。規則には、「<u>お</u>帰り<u>になる</u>」のように「お〜になる」を付けるものと、「帰<u>られる</u>」のように「〜れる／られる」を付けるものの2種類があります。ただし、後ろに「〜ください」を付ける場合は、「お帰りになってください」、あるいは省略して「お帰りください」とします。

尊敬語で注意すべき点は、尊敬語は相手に対して使うものであり、自分や自分の側の人には使えないということです。「うちの<u>お母さん</u>が言いました」の「お母さん」は尊敬語なので、自分の母親には使えません。謙譲語の「母」を使い、「うちの<u>母</u>が〜」とします。また、先に挙げた「園長はもうすぐ園に<u>いらっしゃいます</u>」は、相手が同僚の保育者の場合は良いのですが、相手が園児家族の場合は誤りになります。園児家族に対して園長は自分側になるため、園長に尊敬語を使うと自分側を高めてしまうことになるからです。園児家族には「来る」の謙譲語「参る」を使い、「園に<u>参り</u>ます」とします。

3　謙譲語

> 次の下線部を謙譲語に変えてください。
> ①　担当の佐藤と言います。
> ②　園長はすぐ来ます。
> ③　もうたくさん食べました。
> ④　順番に呼びます。

1 ③の「伺う」のように、相手や話題の人を高めるために自分側を低めて言う表現が謙譲語です。

3 の正解は、①「申し（申す）」、②「参り（参る）」、③「いただき（いただく）」、④「お呼びし（お呼びする）」になります。

尊敬語と同様謙譲語も、「伺う」や **3** ①～③のように元の形を変えて作る動詞と、④の「お呼びする」のように「お～する」という規則で作る動詞があります。謙譲語の規則「お～する」と尊敬語の規則「お～になる」は似ているので、混同しないよう注意が必要です。

謙譲語は自分側を低める表現ですので、相手に使うと相手を低めてしまい、とても失礼です。「会場で伺ってください」のように、相手に対して「聞く」の謙譲語「伺う」を使うと、相手を低めることになってしまいます。「会場でお聞き（になって）ください」のように尊敬語を使います。

4　相手を尊重する気持ちを表す敬語以外の方法

> 次のような場面で相手に敬意を表すとしたら、どのような行動をしますか。
> ①　集めた50枚の答案用紙を先生に手渡す。
> ②　目上の人に駅の方向を聞かれ「あちらです」と指し示す。

相手への敬意は、言葉だけでなく非言語でも表現されます。①テスト用紙をそろえ相手に見やすい方向にしてから手渡す、②1本指ではなく指をそろえて指し示すなどです。このほかにも、改まった場面できちんとした服装をする、下座に

座る、約束の時間より前にその場所に着いている、姿勢を正して相手と向かい合うなども、言葉以外で相手に敬意を表す方法です。

5 敬語のもう1つの意味

> この章のはじめで、敬語は相手や話題に上った人に敬意や丁寧さを表す表現であると説明しました。それでは次のような行動は、敬意や丁寧さによって説明できるでしょうか。
> ① 入学式で初めて会った同級生に、「高校はどこですか」と敬語（丁寧語）で話しかける。
> ② 仲が良い先生との雑談で敬語を使わないで話す。

敬語には2つの機能があり、1つは「上下」、もう1つは「距離」を表現することです。「相手や話題に上った人に敬意や丁寧さを表す表現」は上下の敬語であり、この場合目上の人には敬語を使い、同等か目下の人には使いません。しかし、これでは①のように同級生という対等な相手に敬語を使ったり、逆に②のように先生という目上の人に敬語を使わなかったりすることが説明できません。これらは、距離の敬語によるものです。距離の敬語では、遠い・疎遠な相手には敬語を使い、近い・親しい相手には使わないというように、相手との距離によって敬語の使用が決まります。距離の敬語の意識が強い人は、親しい目上の相手に敬語を使うとよそよそしいのではないかと思い、敬語を使わないで話すことがありますが、相手は「親しくても目上の人には敬語を使うべき」と考えているかもしれないので、注意が必要です。

ポイント

- ☐ 敬語には丁寧語、尊敬語、謙譲語の3種類がある。
- ☐ 尊敬語は自分や自分の側の人に使わないようにする。
- ☐ 謙譲語を相手に対して使うと失礼になるので注意する。
- ☐ 相手への敬意は言葉以外に非言語によっても伝えられる。
- ☐ 敬語には敬意を表すほかに距離を表す機能もある。

要約する

Study Skill 3

要点をつかもう、活かそう

「文章の要約」というと国語の授業や受験勉強のことを思い出すかもしれません。しかし、社会でもより求められるようになるのが、要約をする力であり、要約を活用する力なのです。この章では要約の意義と要約方法について学びます。

1 「要約する」ことの意義

> 「要約」について、次の問いに簡潔に答えなさい。
> ① 要約された文章と原文(元の文章)の違いは何ですか。
> ② 要約文を読む人にはどんなメリットがありますか。
> ③ 要約文を作る人にはどんなメリットがありますか。

要約文とは原文の要点を凝縮したものです。原文より分量が少ないため、要約文を読めば、短時間に原文の大切な部分を把握できます。多忙化する現代社会においては、情報の一つ一つを丁寧に扱う余裕がありません。しかし、ある情報に要約が付いていれば、その情報の要不要が素早く判断できます。一方、あなたが情報を発信しようとする時、その情報に分かりやすい要約を付けておけば、人々が注目してくれる可能性が高まります。

要約を書くためには、大切な部分を見逃さないようにしながら、しっかり原文を読み進める必要があります。そして、原文の重要な部分を限られた文字数で文章にすることが求められます。つまり、要約文の作成に繰り返し取り組むことによって、「読む力」と「書く力」の両方が徐々に鍛えられていきます。

ポイント

- ☐ 要約文は原文より短い。したがって、素早く読める。
- ☐ 情報過剰の時代、要約を読むことで、情報の取捨選択が効率的になる。

- ☐ 要約文を作成するプロセスで、読む力と書く力を高めていくことができる。
- ☐ 要約という作業は、ものごとの本質をつかむトレーニングになる。

2　「方法」を意識して要約しよう

次の文章を要約しなさい。要約文の字数は自分で決めて構いません。

電子書籍が身近になってきました。そのせいでしょうか、紙でできた本が今後どうなるのか、多くの人々が関心を持ち始めています。紙の本は将来すべて消え失せてしまうのでしょうか。そのような心配をする人もいます。

電子書籍は便利です。それを読むことができる小さい機器を入手すれば、そこに何十冊、何百冊という電子の本を入れて、気軽に持ち運ぶことができるのです。紙の本ではこうはいきません。また、書店に行かなくても、インターネットにつながってさえいれば、その場で本を買い、すぐに読めます。さらに、電子書籍はほぼ確実に入手できます。紙の本ではせっかく書店に足を運んでも、お目当ての本が「品切れ」ということがあります。

このように電子書籍の優れた点はいくつも挙げることができます。では、紙の本には利点がないのでしょうか。もちろんたくさんあります。例えば、ふつう本は1ページずつ読み進めますが、必要に応じて前のページを見直したり、先のページをめくってみたりします。ページの前後を行きつ戻りつするという、紙の本ではふつうにできることでも、電子書籍でやるにはやや不便です。また、紙の本には、メモ書きや下線引きが容易ですが、電子書籍では手間がかかります。言うまでもなく、こうしたことは技術革新によって、近い将来、電子書籍でも簡単にできるようになるかもしれませんが。

私たちは電子の本と紙の本のどちらを選ぶべきでしょうか。当然のことですが、私たちは「今」を生きています。紙の本も電子の本もあるのです。「どっちにするか」ではなく「どっちも」読めるのです。なんと豊かなことでしょう。時と場所と目的に応じて、2種類の本を上手に使い分けましょう。

＊この文章は4段落・700字である。

読む力や書く力を育むためにも、要約を練習してください。ただし、やみくもに練習するのではなく、方法を意識しましょう。ここでは、①原文の「文章」を活かす方法、②原文の「本質」を見抜く方法、の２つを取り上げます。詳しくは、石黒圭（2009）の「『縮約法』と『肉付け法』」、または、石黒圭（2010）の「『圧縮法』と『肉付け法』」を参照してください。

　まずは、①のやり方です。原文をよく読み、大切なところとそうではないところを見分けます。そして、重要な部分を残し、適宜つなぎあわせて要約文を完成させる方法です。原文を活かすので、簡単で無難な方法です。ただし、十分工夫しないと、原文の「切り貼り」のような印象を持たれてしまいます。

　次に②のやり方です。とにかく原文を熟読します。そしてその文章が何を述べているのか、その内容を見極めます。そして、あぶり出した本質を、適切な言葉を用いて表現する要約作成法です。①よりもやや高度です。そして原文の「文章」よりも内容や本質を重視する方法なので、原文とのずれが生じかねません。

　原文の内容や書き方によって、①と②のどちらが適当であるかが決まります。当然、求められる要約文がどの程度の分量であるか、また、要約文がどのような目的で活用されるかにもよります。実際には、①と②のやり方をミックスしなければ、上質な要約文を生み出せない時もあります。

・「原文の『文章』を活かす方法」で要約する
　では、❷の文章を 200 字以内で要約してみましょう。一例を示します。

> 　電子書籍なら多くの本を持ち運べます。インターネットで本を買い、すぐに読めます。お目当ての本が「品切れ」ということもありません。紙の本では前のページを見直したり、先のページをめくったり、メモを書いたり、下線を引いたりすることが容易です。では、どちらを選ぶべきでしょうか。今、電子と紙の両方の本があります。「どっちにするか」ではなく「どっちも」読めるのです。時と場所と目的に応じて上手に使い分けましょう。

　200 字にしてみました。簡単で無難な方法である「原文の『文章』を活かす方法」を採用しました。しかし、重要な文章を残し、それをつなぎあわせる作業も

実はそれほど簡単でないことがお分かりいただけると思います。なお、原文では、電子書籍と紙の本のメリットとデメリットを具体例で説明しています。200字という分量があるので、要約文にはそれらを残しました。

- **「原文の『本質』を見抜く方法」で要約する**

次に、約1割の70字以内で要約してみましょう。一例を示します。

> 電子の本と紙の本には長所と短所があります。今や私たちにはこの2種類の本があるので、時と場所と目的に応じて両者を上手に使い分けましょう。

67字にしてみました。今度は高度で、時として原文とずれてしまいかねない方法である「原文の『本質』を見抜く方法」を採用しました。とにかく本質を見出すため、原文を熟読しました。非常に限られた字数での要約文作成ですから、1) 電子の本と紙の本それぞれに長所と短所があること、2) どちらかを選ぶのではなく、どっちも使っていきましょうという提案であること、3) 「時と場所と目的」が使い分けの基準であることを、本質と考えました。

ポイント

- □ 「要約」はやみくもにやってはならない。「方法」を意識する。
- □ 「要約文」作成の方法
  - ①原文の「文章」を活かす方法
    原文の文章を活かすので、簡単で無難な場合が多い。
    残す文章の見分け方、残った文章のつなげ方を意識して練習する。
  - ②原文の「本質」を見抜く方法
    原文の内容を見極めるので、やや高度である。
    内容本位の要約となるので、原文と要約文にずれが生じることがある。
- □ **①と②の両方を練習して、身に付ける。**
    原文の内容・書き方、要約文の分量・使用目的によって使い分ける。

Study Skill 4

クリティカルに読む

厳しく読もう、柔軟に生きよう

高校までは、文章を正確に読むことが求められました。もちろん、それは大切なことです。しかし、生活を快適で安全なものにするためには、書かれている内容が本当のことか、書き手の意図は何なのかを意識することが求められます。

「クリティカルに読む」とはどういうことでしょう。「クリティカル」(critical) とは「批判的な」という意味です。「批判」とは厳しく評価することです。では、1 に回答してから、「クリティカルに読む」方法やその意義を考えましょう。

1 「クリティカルに読む」とはどういうことか

> 新聞に次のような見出しが出ていました（架空の記事です）。
> 「**コーヒーを飲む人は元気！**
> 　　**～1日5杯以上飲む人は、飲まない人に比べて体力テストで高得点～**」
> さて、これを読んでa～hのような考え方、感じ方に、あなたはどれくらい当てはまりますか。それぞれにア～エの記号で回答してください。
> 　　ア．とても当てはまる。　　イ．やや当てはまる。
> 　　ウ．あまり当てはまらない。　エ．全く当てはまらない。
> a. 体力を付けたいので、1日5杯飲むと決める。　　　　→（　　）
> b. コーヒーのカフェインは体に良いのだなと思う。　　→（　　）
> c. どんなコーヒーを飲めば良いのだろうかと考える。　→（　　）
> d. 1日5杯以上コーヒーを飲んでいる人を思い浮かべてみる。→（　　）
> e. 体の調子が良くて元気そうな人を思い浮かべてみる。→（　　）
> f. どのような体力テストだったのだろうかと考える。　→（　　）
> g. 調査の対象者や規模、期間についてあれこれ考える。→（　　）
> h. コーヒーを1日に5杯以上も飲める人は元気な人だなと思う。→（　　）

このような見出しを読んで、どのような考え方や感じ方をすれば「クリティカル」と言えるのでしょうか。
　「a.体力を付けたいので、1日5杯飲むと決める。」はどうでしょうか。これは見出しを読んで、そのまま自分のこれからの行動を決めているので、クリティカルだとは言えません。まさに「鵜呑み」で、これは厳禁です。
　「b.コーヒーのカフェインは体に良いのだなと思う。」は、これもコーヒーの効果を鵜呑みにしています。さらに、勝手にカフェインを原因としています。このような「先入観」や「偏見」による考え方もノン・クリティカルです。
　「c.どんなコーヒーを飲めば良いのだろうかと考える。」は効果を鵜呑みにしているので、クリティカルではありません。ただし、コーヒーには種類があります。アイスかホットか、インスタントかレギュラーか、ブラックかミルクや砂糖入りかなどです。銘柄もあります。どんなコーヒーならば良いのかと、見出し文にある情報の不十分さに考えが及んでいることから、その点はクリティカルと言えます。このように、情報に不足を見出し、どのような可能性があるか、いろいろと思い浮かべ、柔軟に考えることも大切です。
　「d.1日5杯以上コーヒーを飲んでいる人を思い浮かべてみる。」と「e.体の調子が良くて元気そうな人を思い浮かべてみる。」は、限られた知り合いの範囲ですが「検証」をしようとしている点はクリティカルです。コーヒーをよく飲んでいる人を思い浮かべ、その人は元気であるか、また、元気である人を思い浮かべ、その人はよくコーヒーを飲んでいるのかを考えて、この記事の確かさを手っ取り早く調べているのです。しかし、「1日5杯以上コーヒーを飲んでいる人は元気である」ことを検証したいなら、「元気でない人は1日5杯以上のコーヒーは飲んでいない」ということについても検討してみると良いでしょう。
　「f.どのような体力テストだったのだろうかと考える。」ことはとてもクリティカルであると言えます。なぜなら、「元気」であるか否かはこの体力テストの得点で判断されているからです。もし、われわれが日常的にイメージする「元気さ」とは、かなり異なる内容の体力テスト（例：あるお皿から別のお皿に、1分間におはしで何個のビー玉をつまんで移せるか）を用いていたなら、1日5杯以上飲むコーヒーの効果は別のところ（集中力や手の器用さなど）に出そうです。
　「g.調査の対象者や規模、期間についてあれこれ考える。」ことはかなりクリテ

ィカルな態度です。新聞記事になっているのだから、きちんとした調査に基づく結論だろうと考えるのは、クリティカルな読みではありません。結論を出すに至った方法が適切かどうか、記事の本文を読んで吟味するべきです。

「h.コーヒーを1日に5杯以上も飲める人は元気な人だなと思う。」というのは面白い感想で、クリティカルです。確かに、元気だから、1日5杯も飲めるのでしょう。このように、ものごとにはどちらが原因か結果か分からないことが多いのです。例えば、「好物ばかり食べている人は長寿」という記事があったとします。この場合、「好物を食べること」が原因であり、「長寿」が結果のように感じられますが、長い寿命を保てるほど元気な人は、好物ばかりを食べていても大丈夫ということにもなります。よく、「暴力的な内容のテレビ番組をたくさん見ると、子どもは乱暴になる」と指摘されますが、「乱暴な子どもは、好んで暴力的な番組を見る」というようにも考えることもできるのです。

以上を踏まえて、「クリティカルに読む」ということを定義してみると、

> 書かれたことを鵜呑みにせず、また、読み手である自分の先入観や偏見の影響を極力減らして、文書の内容や主張の根拠、そしてその合理性を吟味し、それに基づいて、その文書から得られる情報の取捨選択を判断すること

ということになりそうです。

ポイント

- ☐ 書いてあることを鵜呑みにしない。
- ☐ 自らの先入観や偏見を極力減らして読む。
- ☐ 多面的にものごとを捉え、様々な可能性を柔軟に考える。
- ☐ 書かれた内容を自ら「検証」する努力を怠らない。
- ☐ 意見や主張の「根拠」を吟味する。
  その際、①論理（理屈）が通っているか、
  　　　②事例やデータなどの証拠があるか、に着眼する。

・「クリティカルに読む」ことがなぜ求められるのか

現代は情報が過剰です。インターネットの登場で拍車がかかっています。以

前なら、情報を多く持つことが人生を有利にしました。しかし、今ではほとんどの人が手軽に情報を集められます。そのため、どれだけ情報を吟味する力があるか、精査された情報をどれだけ持っているかが、重要になってきています。

　この本の読者の多くは保育職を希望されていると思います。保育はもちろん子ども相手の仕事ですが、保護者も重要な存在です。また、チームワークを求められる職業ですので、同僚や上司も大切です。つまり、人間関係の仕事です。さまざまな人が行き交う職場の中では、いろいろなことが生じるでしょう。それを自分だけのものさしで判断していたら、独りよがりに陥ってしまいます。まずは、他者の言動を単純に評価せず、多くの方向から多面的に見てみましょう。

　例えば、子どもがあなたを無視するようなことがあっても、それを自分に対する拒絶などと速断してはいけません。家で何かあったのかな、体調が悪いのかななど、いろいろな可能性を考えてみましょう。案外、寝坊して朝食がとれず、ボーッとしていただけなのかもしれません。「クリティカルに読む」トレーニングをしておくと、このように「クリティカルに考える」ことが容易になります。

　クリティカルな人は、疑い深く、意地悪で、狭量な性格だと思ってはいませんか。実は、正しくクリティカルである人は、「寛大」なのです。なぜなら、ものごとを「鵜呑み」にしないからです。つまり、しばらくの間、判断を保留してくれる人でもあります。このような人は、本人が意図しているかどうかは分かりませんが、結果的に他者に対して、寛容あるいは許容的でありうるのです。

・「クリティカルに読む」ことの意義
①情報過剰の現代では、情報を集める力よりも、情報を吟味する力が重要になる。
②「クリティカルに読む」練習を積むと、日常生活の中で、容易に「クリティカルに考える」ことができるようになる。
③保育職は人間関係の仕事。クリティカルであると、他者を誤解することが減る。
④「鵜呑み」にしないことは、他者への寛容につながる。

　慎重に読む習慣をつけることによって、自分のものの見方、考え方の癖が分かってくると、「クリティカルに読む」ことはかなり楽になります。

Study Skill 5

説明する
伝えたいことを、伝わるかたちで

　あなたが相手に何かを伝えることを「説明」と言います。でも、あなたの頭の中にあることをそのまま言葉にしても、理解してはくれません。相手の知識や興味に応じて、伝えたいことを整理し、工夫して表現してこそ、相手に届きます。

　「分かりやすいな」「なるほどな」と思う説明もあれば、「頭に入らない」「いらいらする」と感じる説明もあります。その違いはなぜ生じるのでしょうか。

1　自分が分かっていれば説明できるか

> 　あなたが人に何かを「話して」説明した経験を思い出してください。
> ①　上手く説明できたことは、どんなことだったでしょうか。
> ②　なぜ上手く説明できたのでしょうか。理由を考えてください。
> ③　上手く説明できなかったことは、どんなことだったでしょうか。
> ④　なぜ上手く説明できなかったのでしょうか。理由を考えてください。

　自分が話して説明したことが、相手に上手く伝わった経験を思い起こせば、当然、「自分がよく分かっていることだったから」という理由が思い浮かぶはずです。
　しかし、上手く説明できなかった理由にも「自分がよく分かっていることだったから」が上がるかもしれません。自分が知っていることは相手も知っていることだと思い込んで説明してしまうからです。素人に向かい、専門家が専門的な内容を専門用語を使って説明する状況を思い浮かべてください。専門家は自分が用いている言葉が専門用語であることすら自覚していないかもしれません。
　また、「よく分かっている」人は、最初から詳しい説明をしてしまいがちです。しかし、「よく分かっていない」人は、いきなり詳しい話を聞くと、理解できないので、不安になります。聞く気持ちが失せてしまうこともあります。まず、概

略（全体）を相手に知ってもらってから、詳しい話（部分）をすべきです。

こうした失敗は、「相手に配慮しない」ことが原因です。あなたが説明している相手がどの程度の知識や理解力を持っているのか、どれくらいの聞く気（意欲）があるのか、あるいはどんな感情状態なのか（楽しいのか、苦しいのかなど）、といったことに思い至れば、きっと説明はより良くなるはずです。

文章で説明するのに比べて、話して説明する場合は、相手に対するきめ細やかな配慮をすることができます。相手の様子（表情など）を見ながら、話しのテンポや声の音量を調節できますし、「身振り・手振り」も使えます。説明内容の調整もできます。相手がどの程度理解しているか、言葉で尋ねてみることもできます。このような利点を活かし、説明の向上のため、工夫しましょう。

ポイント
- ☐ <u>話して説明するときは、相手の様子をよく見て、話し方や内容を調整する。</u>
- ☐ 相手の様子を見るときの3つのポイント
    - ①知：相手の知識や理解力、記憶力などはどの程度か。
    - ②情：楽しんでいるか、苦しんでいるかなどの感情状態はどうか。
    - ③意：意欲があるか、ないかなどの「やる気」のレベルはどうか。
- ☐ 簡潔な全体像を示してから、詳細な部分を付け加えて説明していく。

2　「文章」でしか伝えることのできない「厳しさ」

> あなたが「芋掘り遠足のお知らせ」を書くことになりました。
> 設定は自由で構いません。現実的な内容で、A4紙1枚で作成しなさい。

「話して」説明するのに比べて、「文章で」説明することはかなり難しいことだと言えます。なぜなら、相手に届くのは文章だけです。よほど注意を払って書かなければ、読み手は読み手の文脈で勝手に文章を読んでしまうからです。これは誤解のもとです。また、分かりにくい文章、難しい文章を書いてしまうと、読み手はちらりと見るだけで、後は全く読んでくれないかもしれません。

では、どのような配慮をすれば、誤解なく、最後まで読んでもらえるでしょうか。今、書いた「芋掘り遠足のお知らせ」を見ながら、考えていきましょう。

　まず、このお知らせ文を書く目的を明確に意識しましたか。このお知らせは日時や持ち物などを正確に伝えなければなりません。「園だより」や「園通信」ならば園の状況や様子、できごとを保護者に伝えることが目的ですから、読者（保護者）はいろいろな感想や意見を持っても構いません。しかし、お知らせ文は、すべての読者に共通の内容を確実に伝えることが求められます。

　次に、伝えるべきことを漏れなくリストアップしましたか。もし、ここで大切なことを忘れてしまうと、後からまた追加の「お知らせ」を書かなければなりません。時間や労力、資源の無駄ですし、なんといっても保護者の誤解や不信につながってしまいます。

　そして、今度は、リストアップされたものを「優先度の高さ」と「分かりやすさ」の観点から並べ替えます。一般的には、①日時、②場所、③服装、④持ち物、⑤保護者の同行の有無、⑥参加費（費用）、⑦集金方法、となりそうです。

　①の日時は、雨天の際の延期日程の記載も必須でしょう。また、どの程度の雨で雨天と見なされるのかというような判断基準も明示する必要があります。また、雨であった場合、園から延期連絡があるのかないのか、あるとしたら、メールの一斉送信なのか、電話連絡網なのかといったところまで具体的に書くべきです。雨ならきっとメール連絡があるだろうという予断を保護者に持たせることがあったとしたら、この「お知らせ文」は失敗作ということになります。

　②の場所は、行事の目的や保護者の状況に応じて、住所だけにするか、簡易地図を付けるか、詳細な地図を載せるか、よく考える必要があります。

　③の服装は、行く時（芋掘りする時）に着る服と帰る時に着る服などの指示も忘れてはいけません。特に、芋掘りでは服が汚れますから、「洗濯して土汚れがとれなくても構わない服」などの具体的な表現が必要でしょう。

　④の持ち物は、必ず持っていくものと、保護者の判断に任せるものをしっかりと分けましょう。できたら理由を簡単に添えましょう。持ち物に名前を書くことをお願いする場合は、書き方、書く場所の具体的な指示をしましょう。

　⑤の保護者の同行の有無については、有り無しに限らず、その理由を、保育や行事の意味も踏まえて説明する必要があるかもしれません。

⑥の参加費もその内訳を簡単に示しておきましょう。「理由」や「内訳」を書くのはなぜでしょうか。説明は分かりやすければ良い、というものではありません。理想として、「納得できる説明」を目指しましょう。気持ち良い理解につながるからです。

⑦集金方法はお金がらみのことですから、せっかくの遠足を楽しく終えるためにも、しっかりとした説明が求められることは言うまでもありません。

なお、この課題で、用紙１枚としたのはなぜでしょうか。これは文章量を制限することにより、洗練された文書作成をするためです。無駄な部分や分かりにくい部分を放置しないためにも、少量で簡潔に書くことをこころがけましょう。

ポイント

□ **書いて説明するときは、以下の点に留意する。**
　①目的を自覚して、
　②読み手をしっかりと意識して、
　③伝えたいことを漏れなく、間違いなく
　④分かりやすい順序で、
　⑤具体的な表現を心がけ、
　⑥誤解が生じないようにすること。

分かりやすさを高めるには、具体的な表現が有効です。特に、「たとえ」は効果的です。再度、「芋掘り遠足」の「持ち物」について考えてみましょう。子どもたちは、きっとさつまいもを持って帰るでしょう。ですから、「持ち物」として、「ビニール袋」とだけ書いてあったら不親切です。ビニール袋にはさまざまなサイズがあるからです。だいたいの大きさがイメージできるように、「体操着袋くらいのビニール袋」などと、ちょっとした工夫を表現に加えてみましょう。

文章は長々と書いてはいけません。箇条書き、イラスト、表、グラフなどを使い、視覚効果を高めましょう。重要箇所には下線を引き、ワードプロセッサーでの文書作成なら、大切な部分だけは手書きにして、読み手の注目を集めるようにします。そのような工夫をすることで、説明的文章を書くことも楽しくなります。

Study Skill 6

連絡する

状況を捉え、適切に連絡しよう

　大学生や社会人は、目上の相手に対して場合に応じた適切な連絡を求められます。まず、連絡の必要の有無を見極めることができなくてはなりませんし、連絡方法についても適切な判断と実行が求められます。

---

　❶では、連絡の必要性と方法について、相手の立場に立ちながら連絡するという視点から学びましょう。❷❸では、特に、メールという手段に焦点を当てて、連絡する方法について学んでいきます。

1　相手の立場に立ちながら、連絡する

> 　あなたは、私立幼稚園教員の採用試験を受け、2週間が経ちました。携帯電話への電話連絡で結果が知らされることになっているので、園からの電話を待っていました。授業中に着信があったため、教室から出て確認すると幼稚園からでした。その場で折り返し園へ電話し、採用を知らされました。授業終了後、すぐに指導教員に報告するために研究室を訪ねました。しかし、教員は不在で、ドアの動静の表示は「会議中」となっていました。あなたは、教員への連絡をどのようにしますか。また、なぜその方法で連絡をするのですか。次の①〜④を参考に考えてみましょう（あなたは教員のモバイルのメールアドレスを知っているという設定）。
> 　①　すぐその場で、ドアの目立つ所にメッセージを貼る。
> 　②　帰宅途中か帰宅後早い段階で、教員のモバイルメールアドレスにメールを送信する。
> 　③　その日は連絡せず、翌日、研究室を訪ねる。
> 　④　①②③いずれの方法も悪くはないが、私なら…

あなたは、①の書置きや②のメール送信のように、早い段階で教員に報告する方法を選択することができるでしょうか。教員も長らく連絡を待ち続けていると考えることができれば、一刻も早く知らせることのできる①②の方法を思いついてほしいものです。①の書置きは、教員の目に付きやすいところにメッセージが残されていれば、最も早い段階で知らせることができます。会議から研究室に戻った教員はその段階でメモに気づくからです。次いで、②のメールによる報告です。教員がメールに目を通すのは会議後であることを想定しつつ、早めにメールを送るという判断です。教員のモバイル宛てならば、教員が早く気づく可能性が大きいでしょう。

　書置きを残すという連絡方法の利点はいくつかありますが、1つは、相手の手間を取らせないことです。この場合、あなたが書置きをすることで、教員の手を煩わせることなく連絡することができます。教員は、あなたが連絡を待っている教員の心情を察して早く知らせてくれたことに加え、多忙な教員に対する手を煩わせないよう配慮する思いやりを感じ取ります。そして、それは、あなたへの信頼を高めることにつながります。書置きのメッセージは、教員以外の目に留まることも考え、あなたの名前以外の文面は折り畳むなどして見えないようにする配慮ができると、一層良いでしょう。

　メールの送信の場合はどうでしょう。メール送信という行動自体が、あなたの相手に早く知らせたいという気持ちを表しますし、結果を知らせることで早く安心してもらうことができます。これらは書置きの場合と同様です。しかし、連絡を待っている教員の気持ちをよく考えてメールの作成をしなければ、せっかくのうれしい知らせであっても、相手に負担をかけることになってしまいます。このことについては、後ほど **2** で考えていくことにしましょう。

　③は、早く知らせることよりも、対面での報告という方法に重きを置いた選択です。重要な事柄は対面で伝えるべきであるという礼儀を重んじた連絡方法です。直接対面しての報告は、翌朝一番で行うことができれば、あなたが連絡を待つ教員の気持ちに対してどちらかといえば配慮していることを表すことができます。あなたは重要なことだからと考え、礼儀に配慮して対面での報告を考えたはずですが、相手は礼儀としてはすぐに報告することが必要だと感じるでしょう。

　さて、④ですが、書置きやメールでの報告の後、対面して報告をするという方

法を是非とも考えてほしいと思います。書置きやメールで用件が伝われば連絡の必要性がなくなる場合もあれば、そうでない場合もあります。採用試験の結果報告については、書置きやメールによる連絡だけでは礼儀を欠いてしまいます。この後、再び研究室を訪れて報告することが必要です。

連絡の必要性と方法の判断には、自分が相手や周囲の人々の中でどのような関係の中にあるのか、状況の中にあるのかをどう捉えているかが大きく影響します。イメージを豊かにして自分の立場と状況を理解し、その捉え方は自分本位ではないか、相手の立場に立っているかを問うことが大切です。自分の立場と状況とをよく見極めることができれば、連絡の必要性と適切な方法が見えてきます。

ポイント

- [ ] 自分の立場と状況を見極める。
- [ ] 1つの手段を選択した場合、重ねて他の手段も必要かを考える。
- [ ] 連絡の必要性や方法についての判断が自分本位ではないか、相手の立場に立っているか、問い直す。

2 目上の相手の負担軽減に配慮してメールを作成する

1の状況において、あなたが教員だと仮定します。次の学生A、B、Cそれぞれのメールを受けた場合、どのように感じますか。また、それぞれのメールの良い点と問題点とを考えてみましょう。

A

件名：

内定をいただきました。ご指導ありがとうございました。
山田A子

B

件名：こんばんは

川田B子です。園から内定をいただきました。ご指導ありがとうございました。

C

件名：内定のご報告。
池田C子

本日夕方、園から内定の電話連絡を受けました。改めてご報告に伺います。

・目上の相手にメール作成する

　目上の相手には、たとえ相手が自分のことを知っているとしても、名前を名乗ることが礼儀です。本文の冒頭か件名に加えるなど、初めに名乗りましょう。

　さらに、場合に応じたあいさつを添えることは必須です。文面は簡潔に作成することが大切ですが、簡潔とは単に短く、できごとだけを伝えることを意味するのではありません。目上の相手には、緊急の場合などを除き、モバイルメールに連絡することは避けるべきであるという考え方が常識的です。そのため、モバイルメールに連絡する際には、連絡させていただくことについて一言あいさつが必要です。具体的には、なぜモバイルメールに連絡させていただくのか、理由を添えることです。ABCの3人のメールには、いずれもそれが含まれていません。

　また、相談や依頼などの場合は、送信者の一方的な必要で連絡をするわけですから、相手に負担をかけることへのお詫びやお礼の言葉が必要ですし、相手は予期せぬタイミングで連絡を受けるのですから、例えば、「急なお願いで失礼します」「遅い時間に失礼します」「お休みのところ申しわけございません（休日の場合）」などのように添えることが必要です。

ポイント

☐　初めに自分の名前を名乗る。
☐　本文に適切なあいさつを添える。

　　　適切なあいさつとは… ①モバイルメールに連絡させていただく理由
　　　　　　　　　　　　　②一方的な必要で相談や依頼することへのお詫び
　　　　　　　　　　　　　③一方的なタイミングで連絡することへのお詫び

　ABCのメールでは、自分の名前を名乗ることはできています。本文に適切なあいさつを加えると「ご報告に研究室に伺いましたが、会議でご不在でした。メールでのご報告をお許しください。」のようになります。モバイルメールに連絡させていただくことや一方的なタイミングで連絡する理由を述べるのが良いでしょう。

・受信者の負担軽減に配慮してメールを作成する

　メールで連絡を受けるとき、メールの受信者は、自分のペースで生活を送りな

がら連絡を受けることができるという利点があります。しかし、受信者の負担に配慮しないメールには、大きな負担を強いられるものです。

　メールの際、日本語表現を工夫することが、受信者の負担を大幅に軽減するのです。工夫のポイントは2つです。

　1つ目は、件名の付け方です。事例では、受信者は教員です。教員は、学生からの連絡にどきりとさせられることもしばしばです。学生は自分が困った場面で相談したり指示を仰いだり、報告してくることが多いからです。教員は、適切な件名がなく、内容を推察できないようなメールについては、その都度、内容を読みながら判断するという精神的な負担を重ねているかもしれません。そのため、内容を端的に表した気の利いた件名を付けられれば、教員の負担を軽減することになります。Cのメールでは、件名が「内定のご報告」と工夫されているので、端的にメールの用件が伝わります。

　2つ目は、一度の送信で内容が伝わるように文面を作成することです。Cのメールでは、内定の事実の報告だけではなく、「改めてご報告に伺います」とあります。学生Cさんは、この件については、メールはあくまで代替の連絡であることを初めから考えていたとすれば、内定の事実に加えて、報告に行くつもりでいたことも大切な事実です。そのメールを読んだ教員は、Cさんが礼儀をわきまえていることが分かり、安心し、うれしく思うでしょう。

　内定報告の場合は、それほど複雑な状況ではありませんから、どのような本文でも相手を煩わせることは考えにくいですが、複雑な状況では注意が必要です。

　本文が思いつきで書かれ、充分な情報が含まれていないと、受信者に内容が理解できない煩わしさと礼儀を欠いているという不愉快な気持ちを抱かせることになります。例えば、受信者が発信者であるあなたに質問を返さなくては内容が伝わらないというような報告では、何度にも渡ってやりとりを要求してしまうことになります。

　電話連絡や対面しながらの連絡の場合には、相手とのやり取りの中で必要な情報を引き出し合いながら伝えていくことができます。しかし、メールなど書いて連絡する場合には、相手との対話を自分に問いかける形で行って文面にしなくてはならないのです。連絡する時点で、自分の作成している文章が相手に必要な情報を伝えられるものなのかを問いながら文章を練ることが大切です。そして、さ

らに、作成後、見直すことが大切です。例えば、Cさんのメールでは、教員の立場からは園名は必要な情報かもしれないと気づくかもしれません。

👉 ポイント
- ☐ 件名は、端的にメールの内容を表すよう工夫する。
- ☐ 本文は、一度の送信で内容が伝わるように作成する。

3 相談のメールを作成する

> 山田Ａ子さんは私立幼稚園への就職が決まりました。大学が冬休みに入り、Ａ子さんは大学の教員のモバイルメール宛てに次のような指導の依頼をしました。件名「年賀状作成についてのご相談。山田Ａ子」、本文「園長先生に年賀状を出すのですが、どんなことを書けばいいと思いますか?」と送信しました。受信した教員はどのような気持ちがするでしょうか。また、Ａ子さんのメールの本文をどのように修正すれば、適切な依頼になるでしょうか。

・アドバイスを受けたいポイントを明確にする

　指導の依頼など、相談したいことがある場合に、そのメールの本文が質問の一文だけで、かつ、その内容があまりにも漠然としている場合、自分の知りたいことについて相手に考えてもらおうと安易に考えているように受け取られます。たとえ「お休みのところ失礼します」「ご面倒をおかけします。」などの挨拶を添えたところで同じです。Ａ子さんは、どうして教員にモバイルメールで相談しなくてはならないのでしょうか。Ａ子さんなりに考えた結果の相談であるとするならば、作成した年賀状の本文を記すなり、年賀状に含めるべきだと考えた内容を記すことが、なぜ相談をもちかけたのかということや、アドバイスを受けたいポイントを伝えることになります。

Study Skill 7

子どもとの対話を支える表現

温かく、豊かな表現で対話し、子どもを育もう

　保育では、いかに子どもの世界に共感し、対話することができるかが問われます。対話を支える保育者の豊かな言葉の表現は、子どもを理解し、関わっていこうとする情熱を根源とするものであり、日々、表現を工夫する努力の積み重ねによって自分のものとしていけるものです。

　「表現する」ということは、保育者が子どもを理解することですし、関わることを意味します。そのことを学ぶために、「表現する」ということの意義と方法について考えていきましょう。

1　まず、子どもの実態を把握しよう

　豊かな表現で子どもに応じるためには、子どもの実態を把握することが必要です。以下の場面で、あなたなら、Aさんにどのように応答するでしょうか。

　11月のどんぐり幼稚園でのことです。砂場でAさん（4歳児）が型抜きをしています。Aさんは、それをあなたに運んできました。型抜きは辺がくっきりと現れ、肌は凹凸のない滑らかな仕上がりです。上面には、ぷっくりと太ってつやつやしたクヌギの実が真ん中に1つ、それから、まだ落葉したばかりの瑞々しい赤と黄色の桜の葉で、小さな穴の開いたものが1枚あしらわれています。あなたにはムースのケーキのように見えました。

　あなたが保育現場に立つと、必ずこうした場面に出会います。初めての実習では、子どもが自分に届けてくれたことがうれしいかもしれません。子どもとふれ合う経験がほとんどない初期の段階では無理もないことですが、保育者となるとそれでは務まりません。この事例では、子どもがじっくり集中し工夫し、丹念に

作ったことが一目で分かるので、保育者は、子どもがそれをどのような気持ちでどのように作ったかというプロセスを丁寧に捉えていきます。そして、その読み取りを工夫して子どもに表現しなくてはなりません。

Aさんは、今では上手に水分量を調節してきれいに型抜きできるようになっていて、それを慎重に行って、きれいに仕上げたはずです。クヌギの実は、膨らみ具合や色具合を選び、桜の葉は、色艶と肉質、そして穴あきの具合を選んでいるに違いありません。そして、上手にできたものをあなたに見せたくて、あなたに喜んでほしくて、届けてくれたのです。

2　楽しく、深みのある対話につながる表現を工夫する

1 の場面について、次の①②③のように対話すると仮定します。それぞれ、どのような工夫がみられるでしょうか。表現の工夫とその大切さについて考えてみましょう。

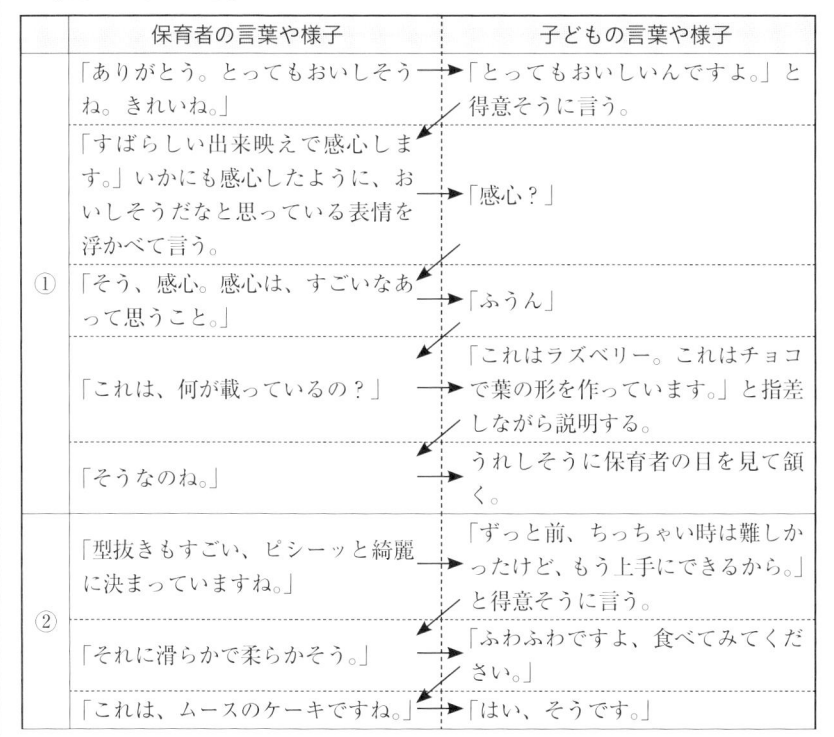

	保育者の言葉や様子	子どもの言葉や様子
①	「ありがとう。とってもおいしそうね。きれいね。」	「とってもおいしいんですよ。」と得意そうに言う。
	「すばらしい出来映えで感心します。」いかにも感心したように、おいしそうだなと思っている表情を浮かべて言う。	「感心？」
	「そう、感心。感心は、すごいなあって思うこと。」	「ふうん」
	「これは、何が載っているの？」	「これはラズベリー。これはチョコで葉の形を作っています。」と指差しながら説明する。
	「そうなのね。」	うれしそうに保育者の目を見て頷く。
②	「型抜きもすごい、ピシーッと綺麗に決まっていますね。」	「ずっと前、ちっちゃい時は難しかったけど、もう上手にできるから。」と得意そうに言う。
	「それに滑らかで柔らかそう。」	「ふわふわですよ、食べてみてください。」
	「これは、ムースのケーキですね。」	「はい、そうです。」

子どもとの対話を支える表現　31

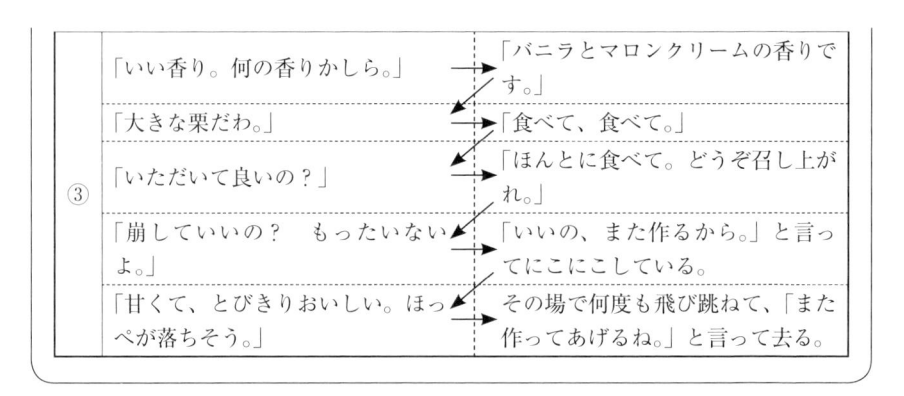

③	「いい香り。何の香りかしら。」	→	「バニラとマロンクリームの香りです。」
	「大きな栗だわ。」	→	「食べて、食べて。」
	「いただいて良いの？」	→	「ほんとに食べて。どうぞ召し上がれ。」
	「崩していいの？　もったいないよ。」	←	「いいの、また作るから。」と言ってにこにこしている。
	「甘くて、とびきりおいしい。ほっぺが落ちそう。」	→	その場で何度も飛び跳ねて、「また作ってあげるね。」と言って去る。

・直接的な表現と間接的な表現を使い分ける

　例の①～③の保育者の言葉は、子どものイメージを膨らませ、説明したい気持ちを掻き立て、さらなる言葉を引き出しています。①②では、保育者が、子どもが工夫し丁寧に作っている点に直接言及した表現が見られます。③では、「香りがしてくる」という間接的な表現を用いて、それがいかにおいしそうにできているかを伝えています。また、質問形で尋ねたり、「ムースのケーキ」のというように見立てたりしています。このような表現は、子どもの取り組みに対する保育者の強い関心とその良さを評価していることを伝えることになります。直接、間接の２つの表現をどのように使い分けていくかは、子どもの取り組みをよく捉えることで見えてきます。日頃から物事のプロセスを丁寧に振り返って捉える習慣をつけ、豊かに表現出来る保育者を目指しましょう。

・端的な表現で言葉との出会いを促す

　③の「とびきりおいしい」という表現は、「とてもおいしい」よりも躍動感を感じませんか。子どもの感じているうれしさや受け取った保育者の躍動を伴った格別なおいしさを表すには適した表現のように思われます。この表現が子どもの気持ちや考えにぴったりと合えば、子どもは「とびきりおいしい」という言葉を覚えます。「感心」という言葉は難しい言葉ですが、保育者がふさわしい場面で用いることで、子どもはその意味と使い方にふれる体験をします。

　食事や生活の場面や絵本などの読み聞かせなどでも同様です。例えば、戸外で十分遊んだ後、手を洗い、うがいをし、衣服を着替えました。この時、「さっぱ

りしたね」と伝えると、子どもは自分の感じている心地よい感じを「さっぱりした」という言葉によって再び味わい、同時に「さっぱりした」という言葉を覚えます。保育者に物語を読み聞かせてもらって、漠然とした感覚で何かを感じている時に、「先生ね、心が温かい感じがする」と伝えられるとします。子どもは、「心が温かい」という感覚を味わって確かめ、その言葉を知るのです。子どもは保育者の言葉を取り込んで（インプット）し、次に、その言葉をふさわしい場面で用いて（アウトプット）してみたくなり、実際に用いて獲得していきます。

・端的な言葉の表現は、子どもの考えや行為を意味づける

「とびきりおいしい」「さっぱりした」「心が温かい」などの言葉は、子どもの気持ちや考えを自覚させ、意味づける働きもします。例②の「型抜きもすごい」を例にとれば、子どもは初めは無意識のうちに丁寧に型抜きをしていたのですが、保育者に「型抜きもすごい」と言葉で表現され、自分は型抜きの仕上がりにこだわって作ったことを自覚します。さらに、保育者によって価値づけられたために、丁寧に型を抜くことに意味を見出し、今度は初めからこだわろうという意識を持って取り組んでいきます。つまり、子どもは、自分の考えや気持ち、行為や取り組みなどを言い表してもらうことによって、それらを自覚し、価値を見出していきます。そして、その意味や価値感を自分の枠組みに取り入れ、自覚した取り組みにそれまで以上に没頭したり、新たな活動への意欲を湧かせたりします。

ポイント

☐ 子どもの実態を、結果ではなくプロセスで捉える。
☐ 直接的、間接的な表現方法を工夫して使い分け、捉えたことを伝える。
☐ 端的な表現で子どもに関わる意義を押さえる。
　　端的な表現で子どもに関わる意義は、
　　　　①言葉との出会いを促すことができる。
　　　　②自分の考えや思い、その意味や価値に気づかせることができる。

3　共感に基づく温かい言葉を持とう　―保育者の表現は試されている―

> どんぐり保育園での12月のことです。ミニトマトを食べられない3歳児のBさんは、トマトを故意に落としました。あなたならどのような表現で応答しますか、考えてみましょう。

・躾の場面でも、温かく豊かな表現を工夫しよう

　躾の場面では、家庭と同様に、保育者が子どもに躾の徹底を強すぎる形で求めてしまうことがあります。躾の場面こそ、強く厳しい言葉の表現ではなく、共感に基づく温かい言葉で、子どもの意欲を引き出してほしいと思います。「何しているの」「食べなければだめでしょう」のように頭ごなしに表現するのでは工夫がありません。❶で学んだように、まず、子どもがそうするに至ったプロセスを考えることです。そうすれば、Bさんは食べられなくて困っただろうな、という気持ちを持てるはずです。子どもの嫌だなという気持ちを自分のものとして感じることができたら、表現を工夫することが大切です。ユーモラスに表現することも1つの方法です。「転がっちゃったのねえー。」「トマトが○○ちゃんを嫌がってるの？　待て待てトマト。」のように表してみましょう。

・保育者の表現は、子どもにまねされている

　保育者の言葉が乏しく、厳しい表現しかできない場合、それを重ねていくと、子どもを良くない子どもとして意味づけ、互いに認め合う温かいクラスの雰囲気を作れなくなってしまう危険があります。反対に、愛情のこもったユーモラスな表現は、保育者の温かい視線を伝え、子どもは保育者の豊かな言葉に興味を持ち、そうした言葉を取り入れていこうとするでしょう。保育者の視線や言葉は、そのまま子ども同士の視線や言葉に影響していくのです。

　保育者は子どもに共感できる豊かな感性と言葉を持たなくてはなりません。

・共感に基づく温かい言葉を持つ意義

①保育者の温かいまなざしを子どもに伝えることができる。
②温かい言葉を探し、選択できる子どもの感性を養うことができる。

Study Skill 8

保育の営みを表現する
クラスだよりで、保育の核心を伝える

　従来、保育現場では、誰が書いても同じになるような客観的な表現が求められてきました。しかし、保育の最も重要な部分は、個性ある保育者が、個々の局面で、感じ、考え、丁寧に子どもに関わっていくという目に見えにくい部分ではないだろうかとして、保育者自身の感じ方や考えが書き表されることの大切さが見直されはじめました。実際の取り組みとして、その記述を保育者間で読み合ったり、クラスだよりなどの形で保護者と共有したりして、保育の営みの内容を確かめ、より良い実践につなげていくという循環が目指されようとしています。

　ここでは、多くの園で発行されているクラスだよりにエピソードを描くことによって保育の営みを伝えていく意義と方法を学んでいきましょう。

1　真実を伝えようとする姿勢でクラスだよりに向かう

> 　5歳児クラスのおたよりに次のような文章が載せられました。保育者の伝えたいことを考えてみましょう。また、保護者になったつもりで読んでみましょう。
>
> **6月の誕生会**
> 　クラスで6月の誕生会を行いました。6月生まれは、Aさん、Bさんです。クラスのみんなが2人に好きな質問をし、2人はみんなの前でハラハラドキドキ。一生懸命答えてくれました。Aさんの好きな生き物はトカゲです。Bさんの苦手なものは肉の脂です。
> 　楽しい誕生会ですが、その中で、誕生者はみんなの前に立つこと、他の子どもたちは質問をすることも経験できるようにしています。本日も、みんなはりきって質問できましたし、誕生者もがんばりました。

　保育者は、誕生者の2人の心境にふれ、また、皆からの質問に対する答えを記述し、誕生者について紹介しています。さらに、誕生会の中での保育者のねらい

について伝えています。特に誕生者以外のみんなが質問するということについて「みんなはりきって質問できました」という表現をし、そのねらいに対する実態を評価しています。

　保育者の記述には、「楽しい誕生会」とありますが、この文章から楽しさを感じるのは難しいでしょう。好きな生き物や苦手なものといった質問が出ていることや、誕生者の答えもトカゲであったり、肉の脂であることは、子どもらしくユニークです。もし、保育者がこのように感じているならば、その面白さが読み手にも伝わるように表現できると良いでしょう。

　保育のねらいをおたよりに含めることはとても大切です。保育者の意図は表現しないと保護者には伝わりにくいからです。例文では、「みんなの前に立つこと、他の子どもたちは質問をすることも経験できる」とありますし、「みんなはりきって質問できました」と記述されています。しかし、問題なのは、それが事実とは考えにくいことです。それは保育者の願う理想であって、実際の子どもの姿や経験を表してはいないでしょう。保育者は子どもをしっかりと見て、子どもの実際の姿を伝えようとする姿勢を持たなくてはなりません。

　この文章を読んだ保護者は、「先生は一生懸命やってくださっているな、楽しそうな誕生会だな」と肯定的に読む場合もあるでしょうが、「うちの子は発言などできるはずはないし、流れに乗れているか心配だな」「おもしろくないおたよりだな。子どもの生の姿、本当の姿が知りたいな」など、不安や疑問を感じる場合が多くても不思議ではありません。

　せっかく時間を割いて書くのですから、伝えたいことを読み手に伝えられるようにしたいものです。そのためには、「楽しい遠足」「楽しいお餅つき」「みんな元気に頑張りました」などの誰にでも書けるような表現をしないように心掛けることが大切です。こうした表現は、保育者が子どもの様子を大雑把にしか捉えていないことを表しています。子どもの様子について、いつでも保育者の読み取りが正しく、それが真実だとは言い切れませんが、誠実に真実の子どもの姿を伝えようとする姿勢を持ち、記述できるように努力することが求められます。

・真実を伝えようとする姿勢でクラスだよりに向かう意義
①誠実に子どもの姿を読み取ろうとする姿勢を心掛けるようになる。

リハーサル1と2を通しての感想を伝え合います。
　気持ちの言葉をボキャブラリーとしてたくさん持つことも大切ですが、言葉以外のメッセージも大切なことに気づきます。

聴くスキル

☝ポイント

　今度は、聴くスキルを練習してみましょう。自分が話をしたいからといって一方的に話し続けていたらどうでしょう？　また、話をしているのに、相手が聞いてくれない時はどんな気持ちになるでしょう？　「話す」のと同様に、「聴く」ことは大切なことですね。
- □　「聞く」（耳で音や声を感じ取ること）、「訊く」（尋ねること）、「聴く」（耳を傾け注意して聞くこと）を使い分ける。
- □　聴くスキルとして、①あいづち（話し手が聴き手に与える合図）、②うなずき、③視線、④身体を向ける、⑤最後まで話を聴く、といった非言語的行動をチェックする。

モデリング

　それでは、聴くモデルを2つ見ます。モデルの聴き方に着目して、気づいたことを書いてみます。
　△悪いモデル：相手の方を見ないで「うん、うん」とうなづくモデルなどをやってみる。
　　　　　　　　相手に身体を向けず、何かをしながら聞く。
　A：「昨日、テレビでおもしろいドラマがあったんだけど…。」
　B：（相手を見ないで）「ふーん…。」
　A：「あのね、昨日の9時からの…。ねえ、聞いてる？」
　B：「あ、なんだっけ？」

○良いモデル：欲しかった物が、手に入ったといった簡単なエピソードをAが話し、Bは、相手の方に身体を向け、目を合わせながら、ときどき「わー」「本当に」といったあいづちを打ちながらうなずき、最後まで話を聴くといった行動をする。

　良いモデルや悪いモデルを見て気づいたことをシェアします。具体的に、聴くスキルのポイントを押さえた上で、行動上何が難しいかを考えます。

リハーサル

　とても欲しかった洋服を買った時のことについて、話してみましょう。ペアを組んで、聴き役の人は、相手の方に身体を向けて、目を見るようにして聴きましょう。ただし、その時徹底的にあいづちを打たず（あごを動かさないで）聴いてみましょう。できたら、交代してみましょう。

　互いに交代したら、改めてあいづちが重要かどうか、意見を交換してみましょう。

....

フィードバック

　話すスキルと聴くスキルについて、「フィードバックシート」に記入しましょう。

▷P21

チャレンジ

　授業内での学びを、生活の場で試してみましょう。うまくできなかったところなどがあれば、次回またみんなで考えてみましょう。

▷P22

Social Skill
3

援助を要請する

上手な頼み方スキル

インストラクション

　大学生になると基本的に「自分のことは自分でする」という自立した姿勢が求められます。具体的には必要な授業を選択したり、学業に影響が出ない程度にアルバイトの量を調整したり、与えられた課題を自力で完成させ、提出することなどです。しかし、時には、自分1人でやるには難しい場面もあります。そうした場面では、援助要請スキルが必要となります。つまり、自分から周囲の仲間に「手伝って欲しい」とお願いすることです。

　次のような場面を経験したことはありませんか？

　例：大学祭にゼミで模擬店を出したいと考えている。「1人じゃ無理だし、どうしよう」と悩んでいるうちに、申し込み期限が近づいてきた。このままでは出店できないかもしれないと、焦ってきた。

　例：サークルの先輩から、「新入生歓迎会の企画をして」と言われたが、1人でやるには荷が重すぎる。「誰かに手伝ってもらいたい」と思っているが、自分から周りの友人に声をかけるのは苦手。

　上のような例では、誰であっても1人でやるには荷が重すぎます。したがって、ゼミやサークルの仲間に「自分1人でやるのは難しい」ことを伝え、「一緒にやってほしい」「手伝ってほしい」という援助を要請する必要があります。自分が責任を持ってやろうとする姿勢は大切ですが、1人で頑張りすぎたり、または、いつも自分1人だけがやるというのは好ましくありません。取り組んでいる途中で、「できるかな」と自分の能力への不安が生まれたり、「1人ぼっちだ」という孤独感が高まったりしますので、精神的にも良くありません。

　諺にも、「3人よれば文殊の知恵」というのがあります。「文殊」とは知恵をつかさどる菩薩のことであり、3人で集まって相談すれば、文殊に劣らぬほど優れた知恵が出るものだという意味です。実際、1人で取り組むには難しい課題であっても、仲間と一緒に取り組むのであれば、達成できる可能性は飛躍的に向上するのです。

仲間と一緒に課題に取り組むことには、課題達成のほかにもう1つのメリットがあります。それは、一緒に取り組むことで仲間との人間関係がいっそう深まることです。課題に取り組みながら、自分の意見を仲間に伝えたり、仲間の意見を聞くことによって、相手の良いところを再発見したり、信頼できる相手だなと再確認したりできるのです。

本章では援助要請のスキルとして「上手な頼み方」スキルを紹介します。

ポイント

これまで学習してきたソーシャルスキルと同じく、言語（言葉）と非言語（言葉以外）の両方が大切です。

- **言葉にする前に思考をまとめておく**：相手に頼む前に、どのような理由で、何を、どのくらい手伝ってもらいたいのか、自分の頭のなかで整理し、はっきりとさせておきましょう。
- **頼む理由を明確化する**：相手に援助を要請する際に、ただ「手伝って」と伝えるだけでは、相手が納得しない可能性があります。そこで、「あなたに手伝ってほしい」理由、「一緒にやってほしい」理由を伝えましょう。相手も、理由が分かり、納得すれば、気持ち良く手伝ってくれます。「自分1人ではできない」という点を伝えることも有効です。
- **援助内容を具体的に伝える**：既に学んだ「あいさつ」スキルを応用しましょう。相手に聞こえる声で、相手の顔を見て、笑顔で頼みましょう。頼む内容を具体的に伝えることも大事です。
- **相手が承諾してくれた時の効果を伝える**：2つの効果があります。1つは、「一緒にやってくれると、とても助かる」という自分のうれしい気持ちを伝えましょう。もう1つは「あなたが手伝ってくれることでもっと良くなる」という肯定的な結果の予測を伝えましょう。

モデリング

それでは、先の例をもとにした以下のモデルを見て、相手が納得し、承諾して

くれる頼み方とそうでない頼み方を比較しながら、上手な頼み方を学びましょう。

モデル：あなたは大学祭にゼミで模擬店を出したいと考えています。しかし、1人では難しいので、できればみんなで協力して出店し、成功させたいと思っています。そのためにはどうしたら良いでしょうか？

△悪いモデル：引っ込み思案で頼めない

　A：「今年の大学祭だけどさ…。」
　B：「今年の芸能人は誰が来るのかな？」（あなたの気持ちを察することはなく、自分の興味のある話題をしている。）
　A：「うーん、誰だろうね。」（友達の方から大学祭で出店しようよと言い出してくれないかなと願いながら待っている。）

△悪いモデル：あいまいな頼み方

　A：「今度の大学祭で模擬店をやりたいんだ。」
　B：「ふーん、模擬店か、どんな店？」
　A：「決めてないけど、何かやりたいの。手伝ってよ。」
　B：「何するのか決まってないのに？　それじゃ、手伝えないよ。」

△悪いモデル：身勝手な頼み方

　A：「今度の大学祭で模擬店するからさ、手伝ってよ。」
　B：「え、そうなの？　初めて聞いたけど。」
　A：「いいからやろうよ。手伝ってよ。」
　B：「急に言われても。それに、他の人の意見は聞いたの？」

〇良いモデル：スキルを使った対応

　A：「今度の大学祭で模擬店したいと思うんだ。」
　B：「ふーん、模擬店か、どんな店？」
　A：「たこ焼き屋さんをしたいな。」
　B：「いいね。私、たこ焼き好きだよ。」
　A：「もし良かったら、一緒にやってくれる？　材料を買ったり、作ったりする人手がいるんだ。」
　B：「いいよ。私、調理やりたい。」
　A：「助かる。作ってくれる人がいないと売れないもんね。」

リハーサル

リハーサル1

モデリングで学んだ内容を実際に練習してみましょう。

まわりの人とペア（2人組）を作ります。じゃんけんをして勝った方がAの役割、負けた方がBの役割となり、3つの悪いモデルに沿ってリハーサルしてみましょう。終わったら、AとBの役割を交代します。次に、良いモデルについても同じようにリハーサルしてみましょう。2人とも終わったら、良いモデルの時の相手のリハーサルを採点し、得点を伝えましょう。採点はp.52の「上手な頼み方」スキルの4つのポイントにしたがって行います。4つ全部できていたら4×10点＝40点です。得点を伝える時に、具体的なアドバイスも一緒に伝えてあげましょう。

例1：「40点満点！　さっきの頼み方だったら、一緒にやろうという気持ちが沸いてくるよ。」

例2：「理由が分かりにくかったから30点。どうして手伝って欲しいのか、理由をはっきりと伝えた方がいいよ。」

リハーサル2

身近な話題を題材にして、良い例と悪い例を練習してみましょう。今度は、非言語（声の大きさ、話すスピード、顔の表情、姿勢など）に気を配りながら練習してみましょう。

フィードバック

・リハーサル1で相手から伝えられた自分の得点を記入しましょう。
・リハーサルのふり返りをしましょう。
・「上手な頼み方」スキルについて学んだことを記入しましょう。
・今日の学習のふり返りをしましょう。　　　　　　　　　▷P23

チャレンジ

保育現場でも「上手な頼み方」スキルは大切です。「チャレンジシート」の課題に挑戦してみましょう。　　　　　　　　　　　　　　　　▷P24

Social Skill 4

上手に断る
相手を傷つけないように

インストラクション

　頼まれたことをなんでも快く引き受けることができれば、このスキルは必要ありません。ところが、日常生活には、ときにやはり断らなければならない時があるのです。例えば、不必要なもののセールス、借金の肩代わり、あるいは、犯罪への誘いなど。保育の場面でも、例えば同僚から「悪いけど、この仕事苦手だから代わりにやってくれる」とか、保護者の方から「子どもが先生大好きなので、週末遊びに来てくれませんか」など。親しくなったがために断りづらい場面が出てくるかもしれません。もちろんできそうなことであれば問題はありません。でも、自分にその時間がない場合、それをする能力がない場合、興味がない場合に、安易に引き受けてしまったらどうでしょう。

　かえって、相手の期待に応えられず、長い目で見れば大きな迷惑をかけてしまうことになるかもしれません。ですから、断らなければならないと判断することはときに必要なことなのです。ただし、断り方が大切です。相手を傷つけるようなものの言い方や態度は望ましくありません。といって、曖昧にもたもたしていると、結局引き受けてしまい、大きなストレスを抱えてしまうことになります。長い目で見ると、頼んできた人のことを恨んだりと、思わぬ方向に怒りやストレスが向きがちです。そこで、ここでは相手を傷つけず、自分の意思を伝えられるソーシャルスキルを学びます。

　ここでは、「上手に断る」というソーシャルスキルのポイントを押さえておきましょう。

ポイント

・上手に断るための5つのポイント

　今まで学んできたように、言葉と言葉以外のどちらもが大切なことはここでも同じです。

- ☐ **相手の気持ちへの理解を示す**：「それはお困りだと思います」とか、相手の状況を理解する気持ちを示しましょう。
- ☐ **理由を伝える**：理由があればそれをしっかりと伝えましょう。頼んだ側は、なぜだめなんだろうと思うことが少なくありません。
- ☐ **できないことへの謝罪**：特に、自分から悪いことをしたわけではないですが、相手の依頼に役立たない、期待に添えないということに対しての謝罪です。「申し訳ない」、「ごめんね」といった簡単な断りでいいと思います。
- ☐ **断る表現**：できないとか、断ることについて、やはりしっかり伝えましょう。この言葉がないと、相手はかえって期待してしまい、結局断ることで落胆を大きくすることがあります。
- ☐ **代案を立てる**：「今回は役に立てないけど、次回は」とか、違った形で協力できることなど、代案を考えて伝えることで相手の依頼を真剣に受け止めていることが伝わります。

・言葉以外のポイント

　言葉以外のノンバーバルな配慮も大切です。

　断っているのに、明るい声だったり、ふんぞりかえって話したりするのは、誠実さの欠いた印象を与えます。気持ちを込めて話すことは、言葉、表情、姿勢などについても、誠実な印象を本来は与えるはずです。

モデリング

　それでは、次のモデルを見て、ポイントについての理解を深めましょう。

　モデル1：Bは、ちょっとそっけないために、相手を傷つけてしまう。

　　△悪いモデル：

　　　A：「今回、私が○○の担当なんだけど、どうすれば良いか分からないのよね。悪いけど教えてもらえない。」

　　　B：「えー、無理。」

　　　A：「…。」

　どうでしょう？　なんだか、Aさんはちょっと傷つきそうです。あるいは、むっとするかもしれません。もう少し上手に断ることができないでしょうか？

モデル2： きちんと断れず、引き受けてしまう。
　△悪いモデル：
　　A：「今回、私が○○の担当なんだけど、どうすれば良いか分からないのよね。悪いけど教えてもらえない。」
　　B：「えー、困ったね、それは。うん、教えられるといいんだけど…。」
　　A：「ありがとう、分かってくれるんだ。なんとかお願い！」
　どうでしょう？　なんとなく引き受けてしまいそうですね。引き受けられればもちろん親切で良いですが、無理なのに、引き受けてしまっては事態は悪くなるばかり。結局、相手を恨んだり怒ったりすることになるかもしれません。自分のためにも相手のためにも、無理な場合はきちんと断った方が良さそうです。

リハーサル

　それでは、いったいどのようにすれば相手を傷つけず、また自分の気持ちをしっかりと相手に伝えることができるでしょう。

　ペアになって会話をしてみましょう。ペアでじゃんけんをして、勝った人が何かを頼む役になりましょう。なんでも良いので、頼んでみてください。負けた人は、上手に断る役です。うまく断ってみましょう。

　交代してもかまいません。断られた役の人は、傷つかなかったか、むっとしなかったか、なぜそう思ったかについて、お互いに意見を交換してみましょう。

　モデリングを入れる。
　うまくできたペアに、やりとりを披露してもらい、つまりモデルになってもらい、どこが良いかみんなで意見を出し合っても良いでしょう。

　言葉以外のことにも注意を向けて話し合ってください。誠意を示すためには、視線は合わせた方が良いでしょうか、声はどうでしょう。
　言葉だけでなく、①声の大きさ、②表情、③姿勢、④距離、⑤アイコンタクト、⑥身振り手振りにも、注意を向けられると良いですね。

　板書をうまく利用して、上手に断れている人が言葉の面と言葉以外の面につい

て、それぞれどのような話し方をしているか、確認すると良いでしょう。

言葉の面
(1) 相手の気持ちに添う言葉:「それは困っちゃったね。」
(2) 理由:「教えてあげられるといいんだけど、私もそれは苦手で。」
(3) 謝罪:「申し訳ないんだけど、無理だと思う。」
(4) 代案:「〇〇さんが分かってるかもしれない。聞いてみれば。」
　　　　あるいは、「〇〇さんに聞いてみてあげようか。」

言葉以外の面
(1) 相手に身体を向けて、
(2) 相手の方を見て、
(3) 声のトーンや速さも、低めにゆっくりと。

　心から話したいことを伝えたい時にどのように伝えているか、ふだんから意識してみましょう。「ごめん」という一言も、そっけなく聞こえたり、しっかり伝わったりします。声や表情、しぐさについては、ふだん無意識なだけに、人によって大きな差があります。

フィードバック

　上手に断るスキルが学べたか、「フィードバックシート」に記入しましょう。

▷P25

チャレンジ

　授業内でできても、生活の場でできなくては意味がありません。次回までに、「チャレンジシート」をもとに今日学んだことを応用してみてください。うまくできなかったところなどがあれば、次回またみんなで考えてみましょう。

▷P26

Social Skill 5 — 感謝の気持ちを伝えよう

ありがとうは魔法の言葉

インストラクション

　本章ではソーシャルスキルの視点から感謝の気持ちの上手な伝え方を学びます。

　「ありがとう」という言葉の由来をご存じでしょうか？「ありがとう」を漢字で記すと「有り難う」となります。漢字から察すると、「有ることが、本来ならば難しいこと」の意味であることが分かります。つまり、滅多に起こらないようなことが、珍しく起こった、それを「ありがとう」というのです。

　例えば、朝食ですが、朝起きるとそれができていることが当たり前と思っている人は、作ってくれた人への感謝の気持ちは湧きにくいでしょう。それゆえに、作ってくれた人に「ありがとう」という言葉は出てきません。しかし、朝食が自然にできていることはあり得ないことであり、親が自分より先に起きて作ってくれたのだということに気がついた人は、自然と感謝の念が湧き、「ありがとう」という言葉が出てくるのです。

　したがって、日頃から自分の周りの人に「感謝」の気持ちを持っている人は、とても大切なことに気がついているのです。しかし時には、感謝の気持ちはあっても、相手に伝え損ねたり、伝えられないこともあります。

　みなさんは、次のような経験はありませんか？

例1：大学に入学して初めて食堂に行った。ア・ラ・カルト方式が分からず、困っていたら、上級生らしき人が「あそこの中から一品ずつ選んで、レジに持って行くんだよ」と教えてくれた。内心で「ありがとうございます」と思ったが、知らない人だし、恥ずかしくてお礼が言えなかった。

例2：学生ホールに忘れた傘を友達が持ってきてくれた。黙って受けとった。後で考えると、わざわざ届けてくれたのだから、「お礼」を言えば良かったなと後悔した。

例3：グループ発表の当日に発熱で休んでしまった。代わりに、友達が発表してくれたらしい。熱が下がってから登校したが、その友達にお礼を言うタイ

ミングを逃してしまいそのままになってしまった。時間が経つうちに、ますます言いづらくなってしまった。気になっているが、未だ言えていない。

こうした経験が「ある」という方は「ありがとう」を伝えるスキルを身に付ければ、感謝の思いが相手に伝わり、自分も相手もうれしくなり、人間関係がもっと充実します。

ポイント

> 「ありがとう」スキル
> あ……あいてを見て
> り……はっきりした声で
> が……えがおで
> と……とどく声で
> う……うれしい気持ちを伝えよう

あ…あいてを見て

目を合わさずに、下を向いたまま「ありがとう」と言われても「感謝」の気持ちは伝わりません。うれしい気持ちを伝える時は、相手の顔を見て伝えましょう。

り…はっきりした声で

ごく身近な人や家族に「ありがとう」を伝える時には、何となく気恥ずかしさを感じることがあります。そんな時には、感謝の気持ちを持てること自体が素晴らしいことであることを思い出し、はっきりした声で堂々と「ありがとう」と伝えましょう。

が…えがおで

笑顔はみんなを幸せにします。笑顔がすてきな人は、皆から好かれます。「ありがとう」という言葉だけでも、人をうれしい気持ちにする力があります。つまり、「ありがとう」に笑顔をプラスできれば最高です。

と…とどく声で

勇気を出して「ありがとう」を言っても、相手の耳に届かなければ、言ってい

ないのと変わりません。相手の耳に届く声で伝えるには、まず、顔を上げることです。下を向いて話していると、声は地面に吸収されてしまいます。顔を10度くらい上にあげて、発声してみましょう。

う…うれしい気持ちを伝えよう

　人は誰かの役に立った時、うれしくなります。困っている時に、誰かから助けてもらったら、それもまたうれしいものです。このうれしい気持ちを言葉にすることで相手に伝えることができます。伝えられた相手もまたうれしい気持ちになります。

モデリング

　それでは、次の場面をもとに、4つのモデルを見て、ポイントについての理解を深めましょう。上のポイントがすべて含まれているのは良いモデル、いくつか欠けているのが悪いモデルです。

> 場面：授業が終わり、帰ろうとした時です。ゼミの友人が声をかけてきました。
> 「こないだのゼミ休んだでしょ。先生からあなたのプリントを預かってるんだ。はい、これ」と課題が書かれた紙をくれました。

　△悪いモデル：無愛想な対応。
　　A：「はい、これ。」
　　B：「…（無表情のまま黙ってプリントを受け取り、カバンにしまう）。」
　△悪いモデル：自己中心的な対応。
　　A：「はい、これ。」
　　B：「（驚いた表情で）えー課題あるの、めんどくさいな。」と言い、プリントを受け取る。
　△悪いモデル：はっきりしない対応。
　　A：「はい、これ。」
　　B：「ありがとう（目線は下で小さな声で）。」と言う。
　　A：「え、なに？」

B:「…。」
○良いモデル:スキルを使った対応。
　　A:「はい、これ。」
　　B:「(相手の顔を見て、明るい声で) Aさん、ありがとう。わざわざプリントを届けてくれたんだ。」
　　A:「どういたしまして。」

リハーサル
リハーサル1
　モデリングで学んだ内容を実際に練習してみましょう。
　まわりの人とペア (2人組) を作ります。じゃんけんをして勝った方がAの役割、負けた方がBの役割となり、3つの悪いモデルに沿ってリハサールしてみましょう。終わったら、AとBの役割を交代します。次に、良いモデルについても同じようにリハーサルしてみましょう。2人とも終わったら、良いモデルの時の相手のリハーサルを採点し、得点を伝えましょう。採点は「ありがとう」スキルの5つのポイントにしたがって行います。5つ全部できていたら5×10点＝50点です。得点を伝える時に、具体的なアドバイスも一緒に伝えてあげましょう。
例1:「50点満点！　しっかりと顔を見てありがとうって言われると、私もやって良かったなと思った。」
例2:「少し表情が硬かったから、そこが減点で40点。笑顔でありがとうって言ってくれたらもっとうれしくなるな。」

リハーサル2
　次に、「友人が試験範囲を教えてくれた」「苦手なパソコンの操作を教えてくれた」など身近な話題を題材にして、良い例と悪い例を練習してみましょう。この時に非言語 (声の大きさ、話すスピード、顔の表情、姿勢など) に気を配りながら練習してみましょう。

フィードバック

- リハーサル1でペアの相手から伝えられた自分の得点を記入しましょう。
- リハーサルをやってみて、ポイントができていたかどうかふり返ってみましょう。
- 相手のリハーサルを観察して、良かったところ、こうしたらもっと良くなると思ったところを書いてみましょう。
- 今日の学習をふり返りましょう。　　　　　　　　　　　▷P27

チャレンジ

　保育現場でも「ありがとう」スキルは大切です。チャレンジシートにある課題にチャレンジしてみましょう。　　　　　　　　　　　▷P28

Social Skill 6

上手に自分の言いたいことを伝える

自分も相手も大事にする

インストラクション

　ふだんの生活で、自分の言いたいことや思っていることを相手にどのくらい伝えられていますか？　十分伝えられているという方は少ないと思います。むしろ、誰でも一度や二度は、自分の言いたいことが相手に伝えられずに歯がゆい思いをしたことがあるのではないでしょうか。大切な相手に自分の言いたいことが伝わらず悲しい思いをしたり、大切なことなのに相手にうまく伝わらなかった時には大変に悔しいものです。さらに、うまく伝わらなかったことが原因で、相手から誤解を受けたり、自分が不利益を被ったりした場合にはかなり落ち込んでしまいます。

　そもそも、自分の思いを相手に伝えるということは簡単なことではないのです。そこには大きく分けて2つの要因があります。1つは、我が国で広く浸透している価値観です。代表的なものは、「奥ゆかしさを尊ぶ」「ものごとをはっきりと言わないのを良しとする」などです。これは日本の文化であり、長い時間をかけて根ざしたものであり、そう簡単には変わらないでしょう。

　もう1つは、性格のタイプです。例えば、相手からの評価を気にしすぎるタイプです。このタイプの方は相手が家族や親しい友人、または仲の良い恋人であっても、相手にこんなことを言ったら傷つくのではないか、本音を言えば相手から嫌われてしまうのではないかと心配になり、自分の本音を相手に伝えることをためらったり、止めてしまいます。この場合、自分の正直な気持ちを相手に伝えないことによって相手との関係は維持できますが、自分の心のなかには悲しさ、寂しさ、不満が残ります。これでは、相手のことや相手との関係を大事にしているものの、自分自身を大事にしていないことになります。

　これとは逆のタイプで、言いたいことは誰に対しても、何でもはっきり言うという方もいます。この場合、自分は言いたいことを言っていますので欲求不満にはなりにくいのでしょうが、言われた相手はそれをどう受けとめているのでしょうか？　もしかすると、「あんな言い方しなくてもいいのに」「いつも偉そうだよ

ね」と不快感を抱いたり、不満を感じているかもしれません。つまり、自己満足を得ることはできても、人間関係を維持していくという長期的な視点においては、損をしている可能性が高いと言えます。相手との人間関係を大切にするならば、自分を大事にするのと同じくらい相手のことも大事にする必要があるのです。

上記で紹介した2つの要因のうち、文化を変えることは困難ですが、性格のタイプを変えることは不可能ではありません。本章で紹介する「自分も相手も大事にしつつ、言いたいことを伝える」スキルを学ぶことによって、自分を変えることができます。なお、本章で紹介しているスキルは主張（アサーション）スキルとも呼ばれています。本章でも主張スキルと表記します。

ポイント

自分の言いたいことを伝えずに我慢すること（非主張的）、自分の言いたいことは必ず口に出してしまうこと（攻撃的）はどちらも人間関係にとってマイナスの影響を与える可能性があります。

一方、自分も相手も大事にしつつ、自分の言いたいことを相手に伝えるスキルを身につけること（主張的）で相手との人間関係も良くなっていきます。この主張スキルは、実は、これまで学んできたスキルの集大成なのです。今まで学んだスキルを思い出して、フルに活用しましょう。これまで学習してきたソーシャルスキルと同様に、言語と非言語（声の大きさ、話すスピード、顔の表情など）の両方が大切であることはこれまで通りです。

- ☐ **表情や態度を意識しながら話す**：表情ですが、下を向いていたり（非主張的）、睨むように相手を見ていたら（攻撃的）、相手はあなたの話を聞こうという気になりません。態度についても、腕を組んでいたり（威圧的）、相手に近づきすぎる（圧迫的）のも同様です。
- ☐ **聞こえる声で、ゆっくりと話す**：小さい声で話しかける（非主張的）、必要以上に大きい声で話す（威嚇的）、早口でまくし立てるように話す（攻撃的）なども、相手はあなたの話を聞こうという気にはなれません。逆に、ゆっくりと落ち着いた声で話しかければ、聞こうという気持ちが増します。
- ☐ **相手を尊重している気持ちを言葉で表す**：「おはよう」「ありがとう」「ごめ

んね」「助かる」など、相手を尊重している気持ちを表す言葉を積極的に活用しましょう。
- ☐ **相手に有効な情報を伝える**：自分の今の状況を伝えたり、代案を考えて提案したり、これまでの経緯を説明するなど、相手に自分の思いを伝える上で有効な情報も一緒に伝えましょう。

モデリング

それでは、以下のモデルを比較しながら、「上手に自分の言いたいことを伝える」スキルを学びましょう。

モデル：まもなく試験期間です。特に発達心理学は教員免許・保育士資格取得のための必修科目です。まずBさんは、試験勉強をしやすくするために、先生の板書を書き写したノートをまとめていました。そこに友人のAさんが来ました。Aさんは発達心理学のノートを貸して欲しいと言ってきました。しかし、Aさんはつい最近もノートを借りたばかりです。正直気持ちは、貸したくありません。

△悪いモデル：非主張的な伝え方
A：「それ発達心理学のノート？ すぐ返すから、貸してよ。コピーしたいの。」
B：「今、まとめているから…。」
A：「すぐ返すから、貸してよ。ね、貸して。」
B：「…。いいけど（内心では嫌だと思っている）。」

△悪いモデル：攻撃的な伝え方
A：「それ発達心理学のノート？ すぐ返すから、貸して。コピーしたいの。」
B：「今、まとめているの。」
A：「すぐ返すから、貸してよ。」
B：「絶対ヤダ。こないだもノート貸したじゃない。それに、板書していないあなたが悪いんでしょ。」

○良いモデル：主張的な伝え方
A：「それ発達心理学のノート？ すぐ返すから、貸して。コピーしたい

の。」
B：「今、まとめているから…。」
A：「すぐ返すから、貸してよ。」
B：「これがないと試験勉強できないから困るんだ。悪いけど貸せない。教育心理学のノートを貸した時も勉強が中断して困ったから。」

リハーサル

リハーサル1

　モデリングで学んだ内容を真似て練習してみましょう。「上手な頼み方」スキルで練習した（p.54）ように、友人とペアを作り演じてみましょう。AとBの役割を交代して、どちらの役割もやってみましょう。演じている時は、言葉はもちろん、言葉以外の非言語的行動を意識しながらやってみましょう。

リハーサル2

　身近にあった話題を題材にして、自分で良いモデルと悪いモデルを設定してやってみましょう。既に述べたように、主張スキルはこれまで学んできたスキルの集大成ですので、これまで学んできたポイントを思い出し、活用しましょう。

フィードバック

- リハーサルのふり返りをしましょう。
- 主張スキルについて学んだことを記入しましょう。
- 今日の学習のふり返りをしましょう。　　　　　　　▷P29

チャレンジ

　保育現場でも主張スキルは大切です。「チャレンジシート」に挑戦してみましょう。　　　　　　　▷P30

■参考文献　　＊本書を執筆するに当たって引用・参考にしたものを中心に示します。

挨拶教育研究会 2004『あいさつの教科書』(中経出版)
石黒圭 2009『よくわかる文章表現の技術Ⅱ―文章構成編―[新版]』(明治書院)
石黒圭 2010「要約する言語活動」『指導と評価』6月号 16-19.
今井和子編著 2009『保育を変える　記録の書き方　評価のしかた』(ひとなる書房)
岩下修 1989『AさせたいならBと言え　心を動かす言葉の原則』(明治図書出版)
苅谷剛彦 2002『知的複眼思考法』(講談社)
菊地康人 1999『敬語再入門』(丸善)
菊地康人 2000『敬語』(講談社)
共同通信社 2010『記者ハンドブック―新聞用字用語集』(共同通信社)
鯨岡峻・鯨岡和子 2007『保育のためのエピソード記述入門』(ミネルヴァ書房)
鯨岡峻・鯨岡和子 2009『エピソード記述で保育を描く』(ミネルヴァ書房)
國分康孝監修　小林正幸・相川充編 1999『ソーシャルスキル教育で子どもが変わる　小学校』(図書文化社)
埼玉大学教育学部附属幼稚園研究紀要 2008『保育内容の再考―領域「言葉」のねらいを視点として―』(埼玉大学教育学部附属幼稚園)
佐伯胖編 2007『共感　育ち合う保育のなかで―』(ミネルヴァ書房)
三省堂編修所 2011『新しい国語表記ハンドブック』(三省堂)
三省堂編修所 2007『故事・ことわざ・慣用句辞典』(三省堂)
中山和義 2008『人生が変わる感謝のメッセージ』(大和書房)
野坂礼子 2005『人生を変える言葉「ありがとう」』(PHP)
橋本修・安部朋世・福嶋健伸編著 2008『大学生のための日本語表現トレーニング　スキルアップ編』(三省堂)
橋本剛 2008『大学生のためのソーシャルスキル』(サイエンス社)
平木 典子 2007『図解 自分の気持ちをきちんと「伝える」技術―人間関係がラクになる自己カウンセリングのすすめ』(PHP)
平木 典子監修 2012『よくわかるアサーション 自分の気持ちの伝え方』(主婦の友社)
福嶋健伸・橋本修・安部朋世編著 2009『大学生のための日本語表現トレーニング　実践編』(三省堂)
藤沢晃治 1999『「分かりやすい表現」の技術』(講談社)
道田泰司・宮元博章・秋月りす 1999『クリティカル進化論　「OL進化論」で学ぶ思考の技法』(北大路書房)
山田千穂子 2009『マンガで学ぶ新人マナー「なんで挨拶しなきゃいけないの?」マナーの「ナンデ?」がわかる本』(あさ出版)
佳川奈未 2007『「ありがとう」の魔法力』(PHP)
渡辺弥生編著 2009『絵本で育てるソーシャルスキル』若手保育者の指導力アップ(明

治図書）
渡辺弥生 2011『子どもの「10歳の壁」とは何か？　乗り越えるための発達心理学』
　（光文社）
渡辺弥生編著 2011『子どもの感情表現ワークブック』（明石書店）
渡辺弥生 2012『人前での叱り方・言い聞かせ方』（PHP）

編著者紹介

渡辺　弥生　（わたなべ　やよい）
法政大学文学部 教授 兼 大学院ライフスキル教育研究所 所長
担当：ソーシャルスキル編　ソーシャルスキルの学び方、2章、4章

平山　祐一郎　（ひらやま　ゆういちろう）
東京家政大学家政学部 教授
担当：スタディスキル編　3章、4章、5章

藤枝　静暁　（ふじえだ　しずあき）
川口短期大学　こども学科 准教授
担当：ソーシャルスキル編　1章、3章、5章、6章

執筆者紹介

野呂　幾久子　（のろ　いくこ）
東京慈恵会医科大学 医学部 教授
担当：スタディスキル編　1章、2章

森田　満理子　（もりた　まりこ）
川口短期大学　こども学科 専任講師
担当：スタディスキル編　6章、7章、8章

編集協力：㈱翔文社
本文組版：㈲ジェット

保育系学生のための日本語表現トレーニング

2013年5月30日第1刷発行

編著者：渡辺弥生、平山祐一郎、藤枝静暁
発行者：株式会社 三省堂　代表者　北口克彦
印刷者：三省堂印刷株式会社
発行所：株式会社 三省堂
　　　　〒101-8371　東京都千代田区三崎町二丁目22番14号
　　　　電話　編集(03) 3230-9411　　営業(03) 3230-9412
　　　　振替口座　00160-5-54300
　　　　http://www.sanseido.co.jp/

落丁本・乱丁本はお取り替えいたします
©Sanseido Co., Ltd. 2013 Printed in Japan
ISBN978-4-385-36330-1
〈保育系学生トレーニング・72＋32 pp.〉

Ⓡ本書を無断で複写複製することは、著作権法上の例外を除き、禁じられています。本書をコピーされる場合は、事前に日本複製権センター(03-3401-2382)の許諾を受けてください。また、本書を請負業者等の第三者に依頼してスキャン等によってデジタル化することは、たとえ個人や家庭内での利用であっても一切認められておりません。

正しい日本語 —— 正確に伝えよう

課題1 次の仮名遣いのうち正しい方を選んで○を付けてください。

① 声が聞き［ ず / づ ］らい。
② 髪がち［ じ / ぢ ］れた。
③ 一人［ ず / づ ］つ踊った。
④ おね［ い / え ］さん
⑤ ［ じ / ぢ ］めんばかり見ていた。

課題2 次の漢字の読み仮名を（　　　）の中に書いてください。

① 潔い（　　　）　　② 会釈（　　　）　　③ 解熱剤（　　　）
④ 境内（　　　）　　⑤ 健気（　　　）　　⑥ 体裁（　　　）
⑦ 名残（　　　）　　⑧ 脳裏（　　　）　　⑨ 該当（　　　）
⑩ ご利益（　　　）　⑪ 記（　　　）す　　⑫ 羞恥心（　　　）
⑬ 前代未聞（　　　）⑭ 緩（　　　）める　⑮ 潜（　　　）む
⑯ 言外（　　　）の意味　⑰ 厚顔無恥（　　　）　⑱ 月極（　　　）駐車場

課題3 次の文で間違った漢字に下線を引き、正しい漢字を書いてください。

① 来週月曜日は園庭を解放します。　　（　　　　　）

② 子どもたちの感心に配慮する。　　　（　　　　　）

③ 有先順位をつけて仕事を処理する。　（　　　　　）

④ 学校時代の特意科目は音楽だった。　（　　　　　）

⑤ 子どもたちを引卒した。　　　　　　（　　　　　）

⑥ 子どもとお小使いについて話し合った。（　　　　　）

所属 _____ ____ 年 ____ 月 ____ 日

番号 _____ 氏名 _____

Study Skill
1

正しい日本語 —— 正確に伝えよう

課題4 次の漢字のうち正しい方を選んで○を付けてください。

① 運動が苦手な者 [同士 / 同志] で励まし合った。
② 子どもの状態を医師に [見 / 診] てもらった。
③ 12年間も理事長を [勤めた / 務めた]。
④ アンケート調査に [回答 / 解答] した。
⑤ 課題は若者の [自立 / 自律] を支援することだ。
⑥ 夏は食べ物が [痛み / 傷み] やすい。
⑦ 薬が [効いて / 利いて] よく眠っている。
⑧ データを [元 / 下 / 基] に詳しく説明した。

課題5 次の文の誤りを見つけ、正しく書き直してください。
① 今一番困っているのは、数名の保護者の方と十分なコミュニケーションを取る時間がない。

_____

② 病気になって初めて、睡眠と食事をおろそかにしないことが大切だ。

_____

③ いくら話し合いましたが理解し合えません。

_____

課題6 次の文からくだけた言い方を探し、下線を引いて、改まった言葉に直してください。

① 割と静かな一日でした。　　　　　_____

② 毎晩よく寝れてますか。　　　　　_____

③ お母さん的にはどう思われますか。　_____

④ 芋ほり会は土曜日じゃないと思います。_____

2

所属 _____ ___ 年 ___ 月 ___ 日

番号 _____ 氏名 _____

Study Skill
2

敬語 —— 相手を尊重する気持ちを表そう

課題1 次の文の下線部を尊敬語に直してください。

① 何時頃家にいますか。　　　　　　　　　　　（　　　　　）（　　　　　）
② お迎えはどうしますか。　　　　　　　　　　（　　　　　）
③ あの先生は娘の長所をほめてくれました。　　（　　　　　）
④ 毎日何時頃寝ますか。　　　　　　　　　　　（　　　　　）
⑤ こちらで待ってください。　　　　　　　　　（　　　　　）
⑥ お向かいの人は誰ですか？　　　　　　　　　（　　　　　）（　　　　　）
⑦ 山中さんのことを知っていますか。　　　　　（　　　　　）

課題2 次の文の下線部を、謙譲語に直してください。

① 明日詳しく話します。

_____

② 先輩からアドバイスをもらいました。

_____

③ 後ほどそちらに行きます。

_____

④ 遠足の案内を見ました。

_____

⑤ よろしかったらこの本をあげます。

_____

⑥ 鈴木さんのことはよく知っています。

_____

所属 ＿＿＿＿＿＿＿＿＿＿＿＿＿＿＿＿＿＿　＿＿＿年＿＿＿月＿＿＿日

番号 ＿＿＿＿＿＿＿＿＿　氏名 ＿＿＿＿＿＿＿＿＿＿＿＿

Study Skill
2

敬語 —— 相手を尊重する気持ちを表そう

課題3　次の文を適切な敬語を用いて書き直してください。

① 先輩、遅くまでご苦労様でした。

② 朝は何をいただきましたか。

③ 先生、少し相談したいことがあって…。

④ （園児の家族に対して）園長にお目にかかりましたか。

⑤ 失礼ですが、鈴木様でございますか。

⑥ （園長からの要請に対し）了解しました。

⑦ こっちから電話します。

⑧ 私は明日は学校にいます。

要約する ── 要点をつかもう、活かそう

課題 下の文章は、2012年9月29日（土）朝日新聞朝刊の「天声人語」というコラムです。まず、熟読してください。そして、(1)～(6)に取り組みましょう。

　生まれては消え、消えては生まれ。うたかたのような言葉の中にも、生き延びて市民権を得るものがある。腹が立つ意味の「むかつく」もどうやら根を張ったらしい。日常会話で使う人が全体の約半数、30代までに限れば4分の3を超えるそうだ▼文化庁の国語世論調査は毎年、ひとしきりの話題を提供してくれる。今年の調べでは、「なにげなく」を「なにげに」と言う人が約3割いた。「正反対」を「真逆」、「中途半端でない」を「半端ない」がともに2割強と聞けば、言葉は生きものだと痛感する▼この手の言葉は、若者の間から生まれて、年かさの世代へ攻め上がる。年配層は眉間にしわが寄るが、「真逆」も「半端ない」も16～19歳では6割以上が使っている。遠からず定着と相成るのだろう▼これを乱れと見るか、言葉の賑わいと見るか。茨木のり子さんに「日本語」と題する詩がある。〈制御しがたい奔流は／濁りに濁り／溌剌と流れてゆくがいい／決壊を防ごうと　たとえ百万人／力を併せて清潔なダムを作ってみても／そこに魚は住まないだろう〉▼茨木さんは別の随筆で、聞き苦しい言葉は無数にあると言いつつ、「いやな日本語を叩きつぶせば、美しい日本語が蘇るというものでもないだろう」と書いていた▼曖昧模糊を「あいもこ」、かくかくしかじかを「かくしかで」──などと若者言葉は多彩だ。眉が八の字になりかけるが造語の才には脱帽する。頑迷にならず、迎合もせず、生きた濁流を眺めようか。

---

(1) この「天声人語」の中で、重要ではないと思われる部分を＝＝で消してみましょう。
（鉛筆かシャープペンシルを使いましょう。）

(2) この「天声人語」の中で、重要だと思われる部分に下線を引いてみましょう。
（鉛筆かシャープペンシルを使いましょう。）

所属 _____ ____年 ____月 ____日

番号 _____ 氏名 _____

Study Skill
3

要約する —— 要点をつかもう、活かそう

(3) この「天声人語」は約600字あります。「原文の『文章』を活かす方法」を用いて、3分の1の200字以内で要約しましょう。

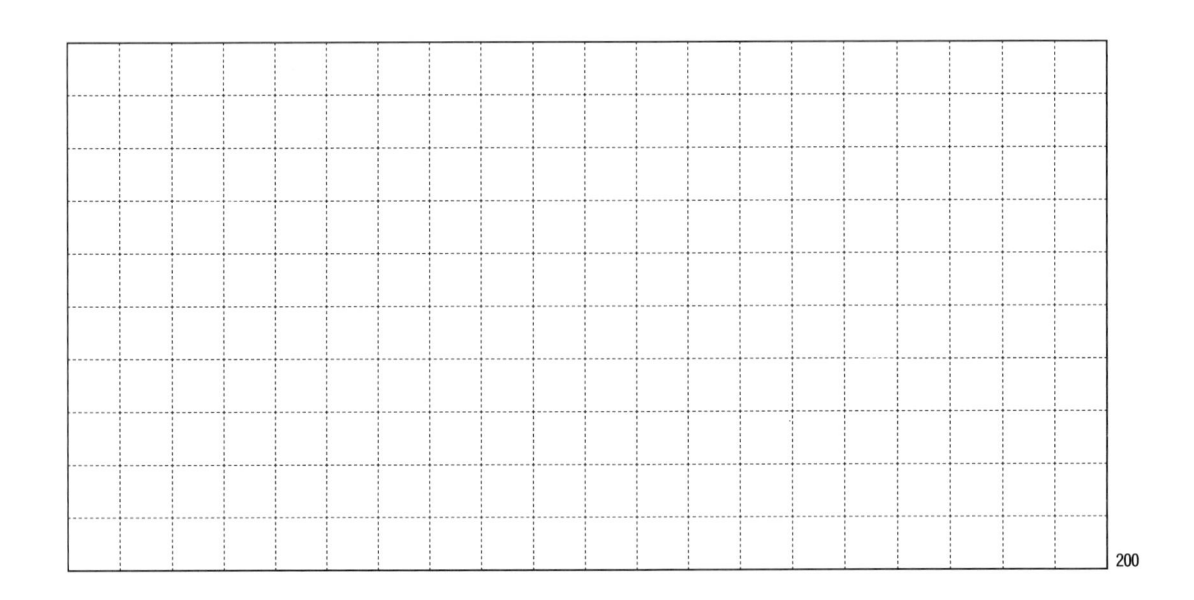

(4) 今度は、「原文の『本質』を見抜く方法」を用いて、1割の60字以内で要約しましょう。

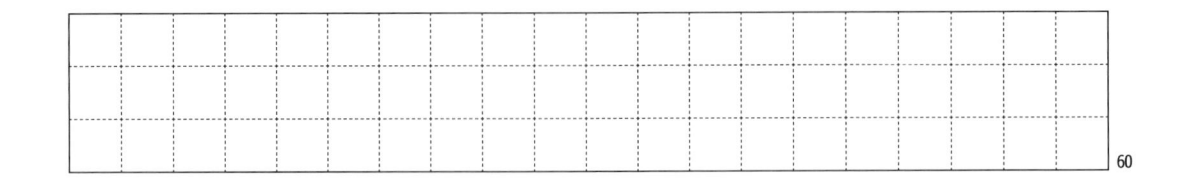

(5) この「天声人語」に10字以内で題名を付けましょう。

(6) (3)と(4)と(5)のうち、最も難しかったのはどれですか。(　　　)
また、その理由を簡潔に書いてください。

| 所属 _____ _____ 年 ___ 月 ___ 日 |
| 番号 _____ 氏名 _____ |

Study Skill
4

クリティカルに読む —— 厳しく読もう、柔軟に生きよう

課題1 下の文章は2003年10月4日(土)読売新聞夕刊の「教室天井60センチ低くなると」という記事です。クリティカルに読み、問題点を1つ指摘してください。

教室天井60センチ低くなると
　「気分悪くなる」「頭が痛い」………
　　生徒9割「不快感」　文科省委託調査

　学校の建築コスト縮減のため、文部科学省の委託を受けた日本建築学会が、新潟県の中学校で教室の天井の高さを3メートルから2.4メートルに下げて生徒の反応を試してみたところ、クラスの9割近くが「気分が悪くなる」などと不快感を訴えたことがわかった。中間の2.7メートルでも七割がマイナス評価をした。先生の声がよく届くという効果はあったものの、低い天井の評判は散々だったようだ。

　文科省は、小学校から高校まで、一律に天井高を三メートル以上と定めている建築基準法施行令の規制緩和が可能かどうか、同学会に検討を委託している。

　調査は七月、新潟県上越市の中学校で四日間実施され、天井が2.7メートル、2.4メートルの教室を用意。従来の3メートルの教室と合わせて二年生三学級に体験してもらい、各種データをとった。

　採光環境では、天井が高いほど教室の奥に陽光が届いた。一方、空気・熱環境は二酸化炭素濃度、室温とも天井高の違いによる差異はなく、音響は、天井が低い方が先生の声が明りょうになる効果があった。

　だが、生徒の心理面では、2.4メートルの天井を体験したクラスの初日の感想は、三十五人中、89％の三十一人がマイナス評価。調査票には「気分が悪くなる」「頭が痛い」「押しつぶされそう」などの生理的な不快感を訴える記述が並び、「不思議な感じ」などの感想もあった。2.7メートルのクラスも、三十七人中、70％の二十六人がマイナス評価だった。

　ただ、三種類を経験してもらった後で印象を聞くと、2.4メートルは圧倒的に不評だったが、「2.7メートルの方がゆったりしている」という声も一部聞かれた。

　同学会によると、欧米では、イタリア、オランダが日本と同じ3メートルだが、米国、オーストラリア、スウェーデンなど日本人より平均身長の高い国で2.7メートルとしている例もある。

　同学会は年内に結論を出すが、「低い天井は予想以上に不評」としている。

所属 _____ ___年___月___日
番号 _____ 氏名 _____

Study Skill
4

クリティカルに読む── 厳しく読もう、柔軟に生きよう

課題2 次は、2005年9月9日(金)朝日新聞朝刊の「教室の天井　低くなるよ」という記事です。**課題1**の記事と比較し、気づいたことを書いてください。

教室の天井　低くなるよ
　「3メートル規定」撤廃へ
　申請3度　草加市が風穴

　明治以来続いてきた教室の天井の高さに対する規制が撤廃される。教室の環境を検討してきた文部科学省の調査研究協力者会議が8日、建築基準法施行令の「3メートル規定」を廃止すべきだとする中間報告をまとめ、国土交通省に通知した。同省は年内にも政令を改正する。長年の国の規制に風穴を開けたのは、埼玉県草加市の粘り強い取り組みだった。

　阪神大震災の直後、草加市は市立小中学校33校のうち一部で建て替えを進めたが、一昨年の時点では、まだ老朽化した6校が残っていた。厳しい財政でコスト削減の妙案として考えたのは天井の高さを3メートルではなく、2.7メートルに低くすることだった。試算では、1校あたりの工費約30億円の約1.5％が節約できる。

　構造改革特区を昨年6月に申請。しかし、国交省に「子どもの心身に与える影響の調査結果が出ていない」とはねられた。

　3度目の申請で風向きが変わった。特区としては認められなかったが、協力者会議の結論を待って、全国一律に制度改正することになった。

　この規制の起源は、1882(明治15)年の文部省示諭で「一丈（約3メートル）を下回ってはならない」とされたことにさかのぼる。1950年の建築基準法制定の際にも、当時の「すし詰め教室」の中できれいな空気を保つため、他の建物（2.1メートル以上）とは区別され、規制が残った。

　協力者会議が調査を依頼した国立教育政策研究所では、天井高がそれぞれ3メートル、2.7メートル、2.4メートルの模擬教室をつくって、小中学生の印象をきいた。3メートルと2.7メートルでは感じ方の差がなく、3メートル未満の教室の方が「より落ち着いている」と感じることがわかった。

　同市で特区担当をしている中村卓・特命理事は「たった30センチ下げることがこんなに大変だとは。でも、ようやく実現しました」と話す。

所属 _____ ____ 年 ____ 月 ____ 日

番号 _____ 氏名 _____

説明する —— 伝えたいことを、伝わるかたちで

課題1 あなたの手元には、下のようなカードがあります。電話先の相手はこのカードについて何も知りません。このカードはどんなものであるかを、通話だけで説明してみるとどうなるでしょうか。

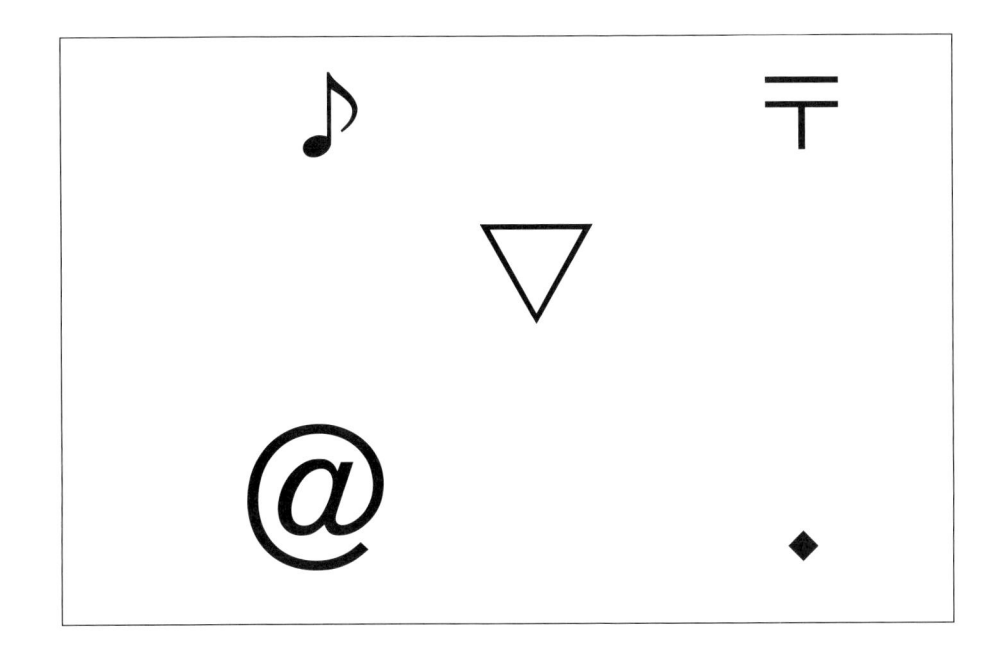

「通話」ですので、話し言葉のように書きましょう。

_____
_____
_____
_____
_____
_____
_____
_____
_____

所属 ＿＿＿＿＿＿＿＿＿＿＿＿＿＿＿＿＿　＿＿年＿＿月＿＿日

番号 ＿＿＿＿＿＿＿　氏名 ＿＿＿＿＿＿＿＿＿

Study Skill
5

説明する —— 伝えたいことを、伝わるかたちで

課題2　あなたが「運動会のお知らせ」を書くことになりました。設定は自由で構いません。現実的な内容に仕上げましょう。

(1)　目的を下に書きましょう。

(2)　伝えたいことを下にリストにして書きましょう。

(3)　(2)のリストに間違いや不足がないかを確認し、下の欄に分かりやすいお知らせを書きましょう。

所属 _____ ____ 年 ___ 月 ___ 日

番号 _____ 氏名 _____

Study Skill
6

連絡する —— 状況を捉え、適切に連絡しよう

課題1 早朝、あなたは実習先の保育所に向かっています。バスから電車に乗り換えようとすると、人身事故で電車の運行が止まっていました。あなたは、まず、園への電話連絡を済ませました。次に、実習センターのPCメールに連絡をするという判断をしました。なるべく相手の負担を減らせるように工夫して送信のタイミングと件名、本文を考えてください。

送信のタイミング	件名
	本文

課題2 幼稚園の教育実習8日目の保育時間終了後のことです。あなたは、幼稚園の幼児に怪我を負わせてしまいました。以下にその時の状況が書かれています。文章をよく読み、下の問いに答えてください。

> あなたが遊戯室の清掃を終えて保育室に戻ろうとした時、預かり保育中の幼児が遊戯室にやってきました。幼児に「回して、回して」と何度もせがまれて断れず、幼児と向い合わせになって両手をつなぎ、あなたが幼児を振り回しました。何度か回していると、幼児が突然「痛い」と叫び、うずくまって大声で泣き出しました。泣き声を聞きつけた教員が駆け込んできて、あなたに事情を尋ね、職員室の園長に報告しました。すぐに園長も遊戯室に駆けつけました。
> 　園長や教員は脱臼かもしれないと言葉を交わし、すぐに園長が保護者に電話し、病院に連れていく許可を得て、幼児を連れて行きました。あなたは園に待機しました。あなたは、この間に、①大学の指導教員Aのモバイル宛てにメールを送信しました。
> 　医者の診断は、幼児の肩が脱臼しているとのことでした。幼児が園へ戻ると、ちょうど保護者も園に到着しました。あなたも玄関へ駆けつけ、保護者にお詫びを伝えました。すると、保護者も学生に謝りました。その理由は、子どもは家庭でもよく父親にしつこくせがんでいるので、園でも同様にしたことが容易に想像がつき、今回のことでどれほど嫌な思いをさせてしまったのかと思うと申し訳ないというものです。
> 　この直後、あなたは園長に断って、②大学の実習センター宛てに電話し、③大学の教員Aのモバイル宛てにメールを送信しました。
> 　保護者が帰った後、あなたは園長先生から今回の件について指導を受けました。
> 　あなたは、再び、教員Aに連絡しようとしてモバイルを手に取ると、メールが届いていました。メールは教員Aからです。
> 「件名：連絡ありがとう。電話のタイミング知らせて。　本文：早い段階で連絡してくれてありがとう。いつ電話で話せますか。話せる時知らせてください。待っています。」

所属 _____ _____ 年 ____ 月 ____ 日

番号 _____ 氏名 _____

Study Skill
6

連絡する ── 状況を捉え、適切に連絡しよう

教員Aは、あなたからのメールを確認する前に、実習センターから電話連絡を受けていました。その後、あなたからのメールに気づき、あなたにメールしました。
あなたはすぐに教員Aに電話しました。教員Aは一旦あなたからの電話を切り、折り返しあなたに電話をしました。
あなたと話した教員Aはすぐに実習センターに立ち寄って報告し、この直後に園への電話をし、直接園を訪問することについて実習センターの許可を得ました。教員Aは実習センターから園へ電話連絡をし、お詫びとこれから園に伺いたい旨を伝えました。園からは待っていますとの言葉をもらいました。
教員Aが園に着くとすぐに園長とあなたが玄関に出てきました。園長にお詫びと保護者に対する対応と学生指導に対するお礼を伝えると、ちょうど今まであなたと園長が改めて話していたことを伝えられました。
翌日、実習時間終了後、あなたは教員Aのモバイル宛てに報告をしました。「件名：朝お詫びできました。(あなたの名前。) 本文：お子さんの登園時、本人と保護者にご挨拶できました。お子さんは自分のせいで私に迷惑をかけてしまったと謝り、保護者の方も同様の理由で謝罪され、たくさん遊んでくれたことに対してお礼まで言われました。自分を責めないのです。ありがたいなと思いました。お話しできて良かったです。」

(1) 下線①のモバイルメールで、あなたはどのように報告しますか。件名、本文を書いてください。

件名
本文

(2) 下線②の電話連絡で、あなたはどのように報告しますか。その会話文を書いてください。

_____
_____
_____
_____
_____

(3) 下線③のモバイルメールで、あなたはどのように報告しますか。件名、本文を書いてください。

件名
本文

| 所属 _____ _____ 年 ___ 月 ___ 日

番号 _____ 氏名 _____

Study Skill
7

子どもとの対話を支える表現 —— 温かく、豊かな表現で対話し、子どもを育もう

課題1 あなたが担任している3歳児、4歳児、5歳児クラスの保育場面です。それぞれの場面で、あなたなら子どもにどのように応答しますか。

場面1：5月中旬、まだ日除けがされていない砂場は、抜群の日当たりです。表面は乾き、かなりの熱さになっています。Aさんをはじめとする3歳児4名が、素足で砂場に入り、「熱い－。熱い－。熱い。熱い。」と大きな声を出しながらぴょんぴょん跳び回っています。皆、満面の笑顔です。

_____

_____

場面2：4歳児10月、デカルコマニー（写し絵）をはじめて紹介した時のことです。Bさんは、繰り返し絵の具を垂らしては、さっと紙を折り、開いては、乾燥棚に運んでいます。周囲の子どもは他の遊びに移っていきましたが、Bさんは繰り返しています。Bさんは、一連の動作をとてもスムーズに行い、継続して取り組んでいます（用紙は、あなたがあらかじめA4サイズにカットし、半分に折った色画用紙を用いています）。

_____

_____

場面3：5歳児10月、デカルコマニーを経験するのは2度目になります。ほとんどの子どもは他の遊びに移っていきましたが、Cさんは繰り返しています。Cさんは、絵の具の色を選び、それを慎重に垂らし、画用紙を折り、そっと開いています。開くと今度は目を輝かせて、できた模様をじっくりみています。それを何度も繰り返しています（用紙は、あなたがあらかじめA4サイズにカットした色画用紙を用い、子どもが自分で折って絵を写します）。

_____

_____

場面4：場面3のデカルコマニーの設定後、あなたは、それを数日残しておき、子どもたちの様子を見ていました。翌日は数名が行い、2日後は2名が2枚行っていました。3日後は行う子どもはいませんでした。4日後、あなたは、しばらく準備しておいた場をこの日限りで片付けるということを子どもに伝えました。誰も残してほしいと申し出る子どもはいなかったため、片付けました。そして、しばらく期間をおき、11月の末、見本（A4サイズ大にカットした色画用紙を2回折り、絵の具を垂らして開いたもの）をいくつか作り保育室に飾っておきました。保育室の一角に環境を準備しておくと、あなたの予想どおり、Cさんは折る回数や折り方を変えて試しています（用紙は、あなたがあらかじめA4サイズにカットした色画用紙を用い、子どもが自分で折って絵を写します）。

_____

_____

所属 _____ ____ 年 ____ 月 ____ 日

番号 _____ 氏名 _____

子どもとの対話を支える表現 —— 温かく、豊かな表現で対話し、子どもを育もう

課題2 あなたが担任をしている3歳児クラスでの保育場面について、子どもとの対話を考えてみましょう。

場面1：12月のことです。3歳児クラスのD子さんは、保育室前の砂場でご馳走作りをしていました。しかし、突然立ち上がり、持っていたしゃもじやスプーンを手から離し、砂の上に落とすと、すぐさま靴箱まで走り、上履きに履き替え、保育室に入ってきました。保育室にはあなたがいます。Dさんは、あなたの前で小便を漏らしてしまいました。Dさんは、困ったような表情を浮かべたまま立ち尽くしています。

_____

_____

場面2：6月のことです。遊びの時間の後、3歳児クラスの保育室内には、たくさんのスチロール積み木が散らばっています。

あなたが「片付けてお弁当の支度をしましょう。」と言うと、あちこちで積み上げた積み木をドーンと崩したり、倒したり、足で蹴り散らしたりが始まりました。あなたは、この姿から、子どもが片付けへと気持ちを切り替えたことを捉えて、早速2つの積み木を抱え、いつもの積み木の片付け場所である保育室の角まで行って、それを置きました。

すると、すぐ後からEさんが「はい」と1つを差し出し、あなたににっこりと微笑みました。あなたは「ありがとう」と伝えると、Eさんは、くるりと後ろを振り向き、すぐ近くの積み木をもって、再びあなたに差し出しました。「はい、苺です。」あなたはEさんに「　　　　　　　ア　　　　　　　」と応じました。すると子どもたちが、次々に「はい、バナナです。」「メロンです。」と積み木を運んできます。あなたは、「ありがとう。むしゃむしゃむしゃ。」と言っては積み木を並べて片付けます。

今度はEさんは、「うーん」とかけ声を掛けながら大きな直方体を抱きかかえるように持ち上げ、よたよたしながらもあなたのところまで運んできました。あなたにはとても得意そうな顔に見えました。Eさんは、「でっかいメロン、お届けでーす。」と言いました。周囲の子どもは、目を見開き、「でっかいメロン〜！」「ギョエ」などと言って大喜びです。HさんとIさんは、長い積み木の上に積み木を載せて二人で「ワッセ、ワッセ」と言いながら運んできました。「はい、デカメロン山盛り一丁お届け！」。Jさんも、「俺っちのは、山盛りうどんだ。」と大きな積み木を運んできます。

(1) あなたはEさんにどのように応答しますか。**ア**に当てはまる言葉やしぐさを考えてみましょう。

_____

_____

(2) 場面では、積み木を果物に見立てながら、片付けが子どもと保育者との楽しいやりとりの中で進んでいます。あなたなら、他にどのような見立てや設定をして子どもと対話しますか。考えてみましょう。

_____

_____

所属 ＿＿＿＿＿＿＿＿＿＿＿＿＿＿＿＿＿＿＿＿＿＿　＿＿＿年＿＿月＿＿日
番号 ＿＿＿＿＿＿＿　氏名 ＿＿＿＿＿＿＿＿＿＿＿＿

Study Skill
8

保育の営みを表現する —— クラスだよりで、保育の核心を伝える

課題 以下の文章は、A保育園の4歳児クラスのクラスだよりです。「子どもの仲直り」という題で、1つのできごとが描かれています。文章をよく読んで、下の問いに答えましょう。

　みなさん、いつも励ましていただきありがとうございます。クラスだより第20号では、恒例、しかも好評？の「子どもに学ぶ」シリーズ第13弾をお届けします。主人公はAさんとDさんです。おまけとして静かに興奮している私です。AさんとDさんの2人の関係から気づかされたことを2つのエピソードを通してお伝えしたいと思います。少し長いのですが、読んでいただければ幸いです。

　まず、そのエピソードを取り上げることにした背景です。
〈背景〉　Aさんは、時々、友達に対して自分の意見を強い口調で訴え、通そうとすることがあり、その姿が目立つような気がしてきました。そこで、少し注意してAさんを見ていますと、Aさんは、いろいろな遊びに興味を広げたり、興味を持つととことん没頭して遊び込むようになっていることが分かってきました。Aさんは、遊びのイメージをどんどん膨らませてその世界に入り込んだり、どんどんアイディアを湧かせ、強いこだわりを持って遊び込んでいるのです。ですから、友達と一緒ばかりとは限らず、面白いと思えば、午前中長時間1人で没頭し、昼食後またその遊びを続けることもありました。どおりで強い口調で訴えるわけです。自分の思いが強いためなのです。友達と衝突する場面だけ見て、Aさんへの指導を考えたのでは全くかみ合わないだろうなと思いました。
　同時に気になり始めていたのが、Dさんです。Dさんが遊びや仲間を捜しているような様子でふらふらとしているように見えたからです。

〈子どもの仲直り〉 11月6日
　AさんはBさんと遊戯室に2人きりです。中型箱積み木で基地作りをしています。この後のエピソードに少し登場するCさんは、園庭の木の家で遊んでいます。AさんBさんの2人とはまったく別の離れたところで遊んでいます。
　私が保育室から外を眺めると、Dさんが保育室の出入り口付近に立っていることに気づきました。気になって、さりげなく近くへ行って様子を見ると、目に涙を一杯ためています。私は驚きましたが、それを少し抑えて関わろうと決めました。Dさんの気持ちを知りたいと思ったからです。
保育者（私）：「どうしたの。」
　Dさんはなかなか答えません。しばらくして「Aさんが一緒に遊んでくれないって言った。2人しか入れないから、Cさんに入れてもらいなって言うから、Cさんに言ったら、だめって言われた。」
保育者（私）：「まあ、どっちでもだめって言われちゃったの？　Aさんはなぜだめなの？」
Dさん：「2人しかだめだって。」
保育者（私）：「Bさんもだめだって言うの？」
Dさん：「2人しかだめだって。」
保育者：「Cさんは？」
Dさん：「今日はだめだって。」
保育者（私）：「まあ、悲しくなっちゃうね、AさんもBさんも意地悪言うんじゃ、他の子と遊んだらいいじゃない？　そんな意地悪言う子とは、遊ばないっていう考えもあるよ。」
Dさん：「ほんとはAさんと遊びたい。」しばらく考えて答えました。
保育者（私）：「よし、じゃあ、もう一度、Aさんのところへ行ってみよう。先生も一緒に行くから。」
　Dさんと教師が一緒にA、B2人のところに近づくと、2人はすぐに気づき、声を揃えて言いました。
2人：「ここは2人しか入れないからだめだよ。」

保育の営みを表現する ── クラスだよりで、保育の核心を伝える

> 保育者（私）：「まあ、広いけど。2人しか入れないってどういうこと？」
> 2人：「Cさんのとこへ行ってみなよ。」
> Dさん：「もう行ったよ。それで、だめって言われた。」
> Aさん：「でもさ、ここは2人なんだよ。な」
> Bさん：「な」
> 　皆、しばらく黙って動きません。
> 　Aさんが「ねえ、おれんちの姉ちゃんいるでしょ。姉ちゃんねえ、へたくそなんだ」と言うと、思い出し笑いをし、思わず吹き出しました。その様子に、Bさん、Dさんも笑い、3人で笑い転げるようになりました。転げたまま今度は積み木を触って一緒にはじめています。保育者はしばらく傍らで見ていましたが、その後言葉で仲直りといったようなことはせず、けろっと忘れた様子で遊びが続きました。遊びの様子を見ていると、Aさんがどんどん意見を出しますが、そればかりではなく、BさんやDさんも「うん、そうだね」「嫌だよ」「それじゃだめだ」「こっちの方がいい」などの短い言葉で自分の気持ちや意見を伝えていることに気づきました。Aさんは遊びのイメージを膨らませることが得意で、言葉が達者なのかもしれません。今のBさんとDさんにはAさんのユニークな発想が大きな魅力なのかもしれないなと思いました。
> 〈考察〉　………

（1）　おたよりには出来事の背景と子どもと保育者の気持ちや様子がよく描かれていますが、保育者の考察が書かれていません。「子どもの仲直り」という題と対応した考察を書きましょう。

〈考察〉

所属 _____ ____ 年 ___ 月 ___ 日

番号 _____ 氏名 _____

保育の営みを表現する —— クラスだよりで、保育の核心を伝える

(2) 例文中、「保育者の捉えた子どもの表情やしぐさなどの行為」、「保育者の温かいまなざし」、「保育者の個性や専門性」はどの部分に表れているでしょうか。それらが表れている部分に下線を引きましょう。またその表現によって何を感じるか書き表しましょう。

所属 _____ ____ 年 ____ 月 ____ 日

番号 _____ 氏名 _____

保育の営みを表現する ── クラスだよりで、保育の核心を伝える

(3)　この保育者は、以下のように考察しました。考察を含めて全体を再度読み返し、おたよりの感想を書きましょう。

> 〈考察〉　Dさんは、一緒に遊べるかどうか見通しが持てない状況であっても、「Aさんと遊びたい」という気持ちを表現し、再度アタックしています。私は、子どもが好きな友達と遊びたいという気持ちがそれだけ強いものであることに驚かされ、保育者にはこのような場面を丁寧に見守り支えることが求められていることに気づきました。Dさんは、このような状況を体験したからこそ、それでもAさんと遊びたいという自分の気持ちに気づくことができたのではないかと思います。その気づきが確信に変わり、再アタックしたのです。ここで、保育者の関わりや言葉は、Dさんを自分の気持ちに向き合わせることにつながったと思います。
>
> 　遊戯室で2人きりで積み木を使いAさんとBさんは、イメージどおりの遊びができていただけに、他の誰にも邪魔されたくなかったのだと思います。その気持ちは当然のものです。しかし、全身を奮い立たせるようにして目の前に立ち、自分の気持ちを訴え続けるDさんを目の当たりにして、2人はDさんの気持ちに気づいたのだと思います。
>
> 　衝突するということは、自分の気持ちを押し殺すだけではなく、正直な気持ちを伝えようとするからこそおこるのです。よく、「仲良く一緒に」という姿を求め、一緒に過ごしている姿を見れば安心してしまいがちですが、実際のところはどうなのだろうかと注意深く見ることも大切だと思います。子どもは衝突を通して自分の思いに気づいたり、相手の思いに気づいたりしていて、そういう体験を重ねて、好きな友達を見つけていくのでしょう。人と人とがそうして結びついていくのだということを、子どもに学んだできごとでした。

所属 _____   ____ 年 ____ 月 ____ 日

番号 _____ 氏名 _____

Social Skill
1

フィードバックシート

あいさつをする —— あいさつは相手に好印象を与えるチャンス

課題1 ペアの相手から伝えられた自分の得点を記入しましょう。

_____ 点

課題2 自分の「あいさつ」スキルをチェックしましょう。

　　　　　　　　　　　　　　　　　　　　　　　　　できなかった　まあまあ　できた

|あ| 相手を見ていましたか？　　　　　　　　　　　(1 － 2 － 3)
|い| いつもより大きい声でしたか？　　　　　　　　(1 － 2 － 3)
|さ| 先にあいさつできましたか？　　　　　　　　　(1 － 2 － 3)
|つ| あいさつを伝えることはできましたか？　　　　(1 － 2 － 3)

課題3 ペアの相手のリハーサルを観察して、良かった点、こうすればもっと良くなると思った点を書きましょう。

_____
_____
_____
_____

課題4 今日の学習について、気がついたことや感想を書きましょう。

_____
_____
_____
_____

所属 _____ _____ 年 _____ 月 _____ 日

番号 _____ 氏名 _____

Social Skill
1

チャレンジシート

あいさつをする —— あいさつは相手に好印象を与えるチャンス

課題

　今日は実習初日です。とても緊張しています。時間に余裕を持って家を出たので、出勤時間よりも早めに園に到着することができました。園の玄関を入り、先生方にあいさつをします。どのようなあいさつがふさわしいでしょうか。言語と非言語の両方を意識しながら、記入しましょう。

保育者を育てる立場から

　学生さんを実習生としてお預かりしていますと、いろいろな方にであいます。元気よくあいさつできる学生さんの場合、それだけで「心配なさそうだな」と安心して受け入れることができます。しかしなかには、黙って、いつの間にか実習生さんが保育室に来ている場合があります。いつ園に到着したのか、いつ着替えて保育室に入ってきたのか分からないのです。これでは実習開始前から、「大変そうな子が来たな」と心配になります。退勤時も同様です。明るく、はっきりした声であいさつして帰りましょう。

所属 ＿＿＿＿＿＿＿＿＿＿＿＿＿＿＿＿＿＿＿＿＿＿＿　＿＿＿年＿＿月＿＿日

番号 ＿＿＿＿＿＿＿＿　氏名 ＿＿＿＿＿＿＿＿＿＿

Social Skill
2

フィードバックシート

話すスキルと聴くスキル ── 互いにつながるために

課題1 誰かに、ちゃんと話を聴いてもらえない時、あなたはどんな気持ちになりますか。重要なポイントは何ですか。

- どんな気持ち

- 重要なポイント

課題2 誰かに、ちゃんと話を聴いてもらえる時、どんな気持ちになりますか。重要なポイントは何ですか。

- どんな気持ち

- 重要なポイント

課題3 最近腹が立ったことやおもしろかったトピックについて、ペアで会話し、聴き上手度を自分でチェックしてみましょう。

　　　　　　　　　　　　　　　　　　　　　　　　　　　　　もう少し　ふつう　よい
(1) 話している人を見てあいづちを打っていますか？　　　(1 － 2 － 3)
(2) 視線を合わせていますか？　　　　　　　　　　　　　(1 － 2 － 3)
(3) 話している人に身体を向けていますか？　　　　　　　(1 － 2 － 3)
(4) タイミングよくうなづいていますか？　　　　　　　　(1 － 2 － 3)
(5) 話をさえぎっていないですか？　　　　　　　　　　　(1 － 2 － 3)

課題4 課題3をしてみて、話す際の声の大きさ、表情、身振り手振り、距離など、非言語的な行動についてどうだったのか、ペアに尋ねてみましょう。その上で気づいたことを書いてみましょう。

所属 _____ ____ 年 ____ 月 ____ 日

番号 _____ 氏名 _____

Social Skill
2

チャレンジシート
話すスキルと聴くスキル —— 互いにつながるために

　話すスキルや聴くスキルを実際のふだんの生活の中で試してみましょう。練習をした相手から、フィードバックをもらってどんな点に注意すれば良いか学びましょう。

課題　誰か少なくとも1名と会話をして、相手からフィードバックをもらいましょう。その上で、自分の感想を書いてください。

話すスキルについて
(1)　相手からのアドバイス

_____

_____

(2)　自分の感想

_____

_____

聴くスキルについて
(1)　相手からのアドバイス

_____

_____

(2)　自分の感想

_____

_____

所属 _____　　___ 年 ___ 月 ___ 日

番号 _____　氏名 _____

Social Skill
3

フィードバックシート

援助を要請する── 上手な頼み方スキル

課題1　ペアの相手から伝えられた自分の得点を記入しましょう。

_____ 点

課題2　良いモデルのリハーサルについてふり返りをしましょう。

　　　　　　　　　　　　　　　　　　　　　　　　　　できなかった　まあまあ　できた
(1)　事前に頼みたい内容を明確にしましたか？　　　　（ 1 － 2 － 3 ）
(2)　頼む理由を明確にしましたか？　　　　　　　　　（ 1 － 2 － 3 ）
(3)　頼みたいことを具体的に伝えましたか？　　　　　（ 1 － 2 － 3 ）
(4)　相手が承諾した時の効果を伝えましたか？　　　　（ 1 － 2 － 3 ）

課題3　リハーサルをしてみて、非言語にも注意を向けて頼むことができたかチェックしましょう。

　　　　　　　　　　　　　　　　　　　　　　　　　　できなかった　まあまあ　できた
(1)　相手を見て言えましたか？　　　　　　　　　　　（ 1 － 2 － 3 ）
(2)　笑顔で言えましたか？　　　　　　　　　　　　　（ 1 － 2 － 3 ）
(3)　早口にならず、ゆっくりと言えましたか？　　　　（ 1 － 2 － 3 ）

課題4　「上手な頼み方」スキルについて学んだことを書きましょう。

_____
_____
_____
_____

課題5　「上手な頼み方」スキルを実際にやってみて、気がついたことや感想を書きましょう。

_____
_____
_____
_____

所属 ＿＿＿＿＿＿＿＿＿＿＿＿＿＿＿＿＿＿＿＿　＿＿年＿＿月＿＿日

番号 ＿＿＿＿＿＿＿＿　氏名 ＿＿＿＿＿＿＿＿＿＿＿＿

Social Skill
3

チャレンジシート

援助を要請する ── 上手な頼み方スキル

課題

　実習前半が終了し、子どもたちとも少しずつ関係ができてきました。明日はいよいよ絵本の読み聞かせにチャレンジします。今までは先生が読み聞かせをする姿を観察してきましたが、自分がするのは初めてです。明日の本番を前に、先生の前で一度読ませて頂き、アドバイスを頂きたいと考えています。でも、先生は明日の保育の準備をしたり、忙しそうにしています。どのように頼んだら良いでしょうか。

(1)　言語を意識しながら、下にセリフを記入してみましょう。

＿＿＿
＿＿＿
＿＿＿
＿＿＿

(2)　頼む時に、非言語について気をつけた方が良い点を書き出してみましょう。

＿＿＿
＿＿＿
＿＿＿
＿＿＿
＿＿＿
＿＿＿

保育者を育てる立場から

　幼稚園では午後2時に子どもが降園します。子どもが降園した後ですが、教室の清掃、掲示物の作成、翌日の保育の準備、ピアノや鉄棒の練習、また、園だよりの作成、打ち合わせなど山のように仕事はあります。一方で、実習生を育てるのも大切な仕事です。子どもに読み聞かせする本の内容が年齢に合っているか、話が長すぎないか、保育中のどのタイミングで読んでもらうかなどは重要ですので、事前に打ち合わせしておくべきです。先生に聞きたいこと、お願いしたいことがある時は、早めに相談してくれるとありがたいです。また、要点を押さえて完結に話してくれるとなお良いです。

所属 _____ _____ 年 ___ 月 ___ 日

番号 _____ 氏名 _____

Social Skill
4

フィードバックシート

上手に断る ── 相手を傷つけないように

課題1 「上手に断るスキル」について、考えたことを書いてください。

_____
_____
_____
_____
_____

課題2 「上手に断るスキル」はどうして大切なのでしょう。あなたの意見を書いてください。

_____
_____
_____
_____

課題3 何か頼まれて断る場合をペアでやってみて、下のことができているか、自分でチェックしてみましょう。

　　　　　　　　　　　　　　　　　　　　　　　　　　もう少し　ふつう　よい

(1) 相手の気持ちに添う言葉を言ってる。　　　　　(1 － 2 － 3)
(2) 理由を説明している。　　　　　　　　　　　　(1 － 2 － 3)
(3) 謝罪の言葉を入れている。　　　　　　　　　　(1 － 2 － 3)
(4) 代案を立てている。　　　　　　　　　　　　　(1 － 2 － 3)

課題4 言葉以外のところに注意を向けて（相手に身体を向けること、相手の方を見ること、声のトーンや速さ、低めにゆっくりなど）、自分でポイントとなることを考えて、それについてできているかチェックしてみましょう。

所属 _____　　　___年___月___日

番号 _____　氏名 _____

Social Skill
4

チャレンジシート

上手に断る　—— 相手を傷つけないように

　現実の場面でも、ドラマでも誰かが頼んで断っている場面があったら、注意して見てください。今日学んだことから気がついたことがあれば、メモしておきましょう。ほかにもすてきな言葉や話し方をどんどん発見してみましょう。

課題　日常生活の中で、断る場面のことをふり返りましょう。

　　場面　　　　（　　　　　　　　　　　　　　　　　　　　　　　　　　）
　　頼まれたこと（　　　　　　　　　　　　　　　　　　　　　　　　　　）

　　　　　　　　　　　　　　　　　　　　　　　もう少し　ふつう　よい
　上手に断れたと思った。　　　　　　　　　　（　1　－　2　－　3　）

　下の言葉についてうまくできているかチェックしてみましょう。

　　　　　　　　　　　　　　　　　　　　　　　もう少し　ふつう　よい
(1)　相手の気持ちに添う言葉を言った。　　　（　1　－　2　－　3　）
(2)　理由を説明した。　　　　　　　　　　　（　1　－　2　－　3　）
(3)　謝罪の言葉を入れた。　　　　　　　　　（　1　－　2　－　3　）
(4)　代案を立てた。　　　　　　　　　　　　（　1　－　2　－　3　）

　相手の反応について、気がついたことを書いてみましょう。

_____
_____
_____

　次に、言葉以外のところに注意を向けて、うまくできているかチェックしてみましょう。

　　　　　　　　　　　　　　　　　　　　　　　もう少し　ふつう　よい
(1)　相手の方を見た。　　　　　　　　　　　（　1　－　2　－　3　）
(2)　声のトーンが落ち着いていた。　　　　　（　1　－　2　－　3　）
(3)　低めにゆっくり話した。　　　　　　　　（　1　－　2　－　3　）

　相手の反応について、気がついたことを書いてみましょう。

_____
_____

所属 _____ ____ 年 ____ 月 ____ 日

番号 _____ 氏名 _____

Social Skill
5

フィードバックシート

感謝の気持ちを伝えよう —— ありがとうは魔法の言葉

課題1 ペアの相手から伝えられた自分の得点を記入しましょう。

_____ 点

課題2 良いモデルのリハーサルをふり返って、自分の「ありがとう」スキルをチェックしましょう。

できなかった　まあまあ　できた

あ	あいてを見て伝えられましたか？	(1 − 2 − 3)
り	はっきりとした声で伝えられましたか？	(1 − 2 − 3)
が	えがおで伝えらえましたか？	(1 − 2 − 3)
と	とどく声で伝えられましたか？	(1 − 2 − 3)
う	うれしい気持ちを伝られましたか？	(1 − 2 − 3)

課題3 観察して、良かった点、こうすればもっと良くなると思った点を書きましょう。

_____
_____
_____

課題4 今日の学習について、気がついたことや感想を書きましょう。

_____
_____
_____
_____
_____
_____
_____

所属 _____ ____ 年 ____ 月 ____ 日

番号 _____ 氏名 _____

Social Skill
5

チャレンジシート

感謝の気持ちを伝えよう —— ありがとうは魔法の言葉

課題

　あなたは幼稚園で実習中です。夕方5時を過ぎました。今日も子ども達と関わりながら、一日が終わりました。その帰り際です。

A：（固い表情で）お先に失礼します。明日もよろしくお願いします。

B：（笑顔で）今日も一日、実習させていただき、ありがとうございました。お先に失礼します。明日もよろしくお願いします。

　実習生として、どちらのあいさつが適切でしょうか。また、AとBではどこが違うのでしょうか？

保育者を育てる立場から

　実習生を指導していると、注意することも時にはあります。その際、学生さんの反応はさまざまですが、「相手に言ったことが伝わったな」と感じるのは、「教えてくださり、ありがとうございます」と言われた場合です。「ありがとうございます」という言葉が入っていると、素直に受け止めてくれたのだなと思います。

所属 _____ ____ 年 ___ 月 ___ 日

番号 _____ 氏名 _____

Social Skill
6

フィードバックシート

上手に自分の言いたいことを伝える —— 自分も相手も大事にする

課題1 良いモデルのリハーサルをしてみて、以下の項目についてふり返りをしましょう。

                      できなかった　まあまあ　　できた

(1)　表情や態度に気をつけて言えましたか？　　　　　　　　　　（　1　−　2　−　3　）
(2)　早口にならず、ゆっくりと言えましたか？　　　　　　　　　（　1　−　2　−　3　）
(3)　相手を尊重する言葉を使って言えましたか？　　　　　　　　（　1　−　2　−　3　）
(4)　相手に有効な情報を伝えることはできましたか？　　　　　　（　1　−　2　−　3　）

課題2 リハーサルをしてみて分かった、「非主張的」「攻撃的」な言い方と「主張的」な言い方の違いを挙げましょう。

_____
_____
_____
_____

課題3 今日の学習のふり返りとして、感想や気づきを記入しましょう。

_____
_____
_____
_____
_____
_____
_____
_____
_____

所属 _____ _____ 年 ___ 月 ___ 日

番号 _____ 氏名 _____

Social Skill
6

チャレンジシート

上手に自分の言いたいことを伝える —— 自分も相手も大事にする

課題

あなたは教育（保育）実習中です。可愛い子どもたちと関わりながら、楽しく実習しています。帰宅した後、今日一日の活動を思い出しながら、実習日誌を書いていました。その時携帯電話が鳴りました。同じ幼稚（保育）園で実習をしているAさんからです。「お疲れー。今日の日誌書いた？　私、全然書けなくてさ。何書いたら良いのか分からないから、教えて。」とのことです。実は、ここ数日、毎晩、同じような電話がかかってきて、うんざりしていました。

(1) 今までの自分ならどのように応えていますか？

(2) 今日学習した主張スキルを使って返答を考えてみましょう。

(3) 今までの自分と主張スキルを使った場合の結果の違いを予想してみましょう。

保育者を育てる立場から

　私たちは園で朝夕の1日2回保護者とお会いします。その際、お子さんの園での様子を簡潔に正確に伝える必要があります。曖昧な言い方、遠回しな言い方をした結果、保護者に正しく伝わらなかったり、または、誤解されてしまうこともあります。この誤解が後の大きなトラブルへと発展することもありますので注意が必要です。

所属 _____ ____ 年 ___ 月 ___ 日

番号 _____ 氏名 _____

課題補足用解答用紙

所属 ＿＿＿＿＿＿＿＿＿＿＿＿＿＿＿＿＿＿＿　＿＿＿年＿＿月＿＿日

番号 ＿＿＿＿＿＿＿　氏名 ＿＿＿＿＿＿＿＿＿＿＿

課題補足用解答用紙